NÃO SEJA REFÉM DOS SEUS SINTOMAS

VOLTANDO AO MEU LUGAR

EDITORA
CHAVE MESTRA®

Ficha técnica

EDITORA
CHAVE MESTRA®

Av. Marcos Penteado de Ulhoa Rodrigues, 1119 – Tamboré, Alphaville – SP,
Ed. Office Shopping Tamboré – andar 21 – sala Chave Mestra
CEP: 06460-040
@editorachavemestra
editora@editorachavemestra.com.br
Acesse: www.editorachavemestra.com.br

Título original em português:
Não seja refém dos seus sintomas: voltando ao meu lugar

O conteúdo desta obra é de total responsabilidade dos autores e não reflete necessariamente a opinião da editora.

Direção editorial: Raquel Medeiros
Coordenação editorial: Bartira Costa Neves
Assistência editorial: Eloiza Andrade e Larissa Robbi Ribeiro
Revisão: Híllona Anjos e Gabriela Andrade
Diagramação e projeto gráfico: Daniel Marchesani e Weslei Eugênio
***Branding* de capa:** Izzo Medeiros

Dados Internacionais de Catalogação na Publicação (CIP)

Vale, Rogério (Organizador)
V149 Não seja refém dos seus sintomas: voltando ao meu lugar
/ Rogério Vale (org.) – Barueri, SP: Chave Mestra Editora, 2024. 264 p.: 16 x 23 cm

ISBN 978-65-5496-049-6

1. Negócios. 2. Carreira. 3. Autoajuda. 4. Saúde. 5. Superação. 6. Sucesso.
7. Empreendedorismo. I. Título.

CDD 158.1

PREFÁCIO

Dalet, ד , quarta letra do alfabeto hebraico, simboliza porta ou portal, abertura para um novo caminho, uma nova oportunidade. Representa a ideia de humildade, o despertar para superarmos qualquer obstáculo, conecta com o impulso para todo início, é a semente.

Tudo começa em um ponto, pontos de recomeços, de viradas, mas é sempre um caminho de transformação. Foi preciso um pouco de escuridão para que eu começasse a vislumbrar as estrelas e, ao ampliar a luz interna, iluminei à frente e atravessei meus portais para entender com clareza o que estava por trás de meus sintomas físicos, relacionais e emocionais.

Na visão das Leis Biológicas, encontramos alguns dos significados para nossas perguntas e muitas de nossas dores. Nossa natureza humana precisa, a qualquer custo, sobreviver e achará meios para isso expressando-se na forma de sintomas. Precisamos não somente ver, mas enxergar e escutar o que nosso corpo nos conta. Desvendaremos algumas dessas conversas biológicas por meio de relatos de caso ou das próprias experiências. Esses diálogos e códigos biológicos mostram que não estamos sozinhos e que há sim formas de nos curarmos e transformarmos dor em resolução.

Ajudaremos você a iluminar, escutar e enxergar o que está por detrás do seu desconforto e dificuldade e, assim, ressignificar e iniciar um novo modo de avançar. Sejamos, porém, humildes e entendedores de que os seres humanos possuem uma imensa vastidão, de que somos únicos e que as técnicas descritas aqui são complementares em auxiliar no entendimento de que a doença é uma solução a um conflito anterior a ela.

Ao ler os capítulos deste livro, entendi que, primeiramente, é preciso nos abrir para ajudar a transformar pessoas. Daqui para frente, sua vida será impactada com as histórias e relatos de pessoas transformadas. Desfrute do que temos a lhe oferecer. Convido você a abrir a porta para um novo trilhar e não ser mais refém de seus sintomas. "Quem olha para fora, sonha; quem olha para dentro, desperta." (Carl Jung)

Boa leitura,

Daniela Alves Soares

SUMÁRIO

NÃO SEJA REFÉM DOS SEUS SINTOMAS

VOLTANDO AO MEU LUGAR

Agnes B. Wachholz

Sou Agnes B. Wachholz, natural de Três de Maio/RS. Aos 12 anos, mudei-me com meus pais e minha irmã para Campo Novo do Parecis/MT, onde resido até hoje. Sou casada com Ederson Ribeiro há dezesseis anos e temos dois filhos, Ana Clara e Uriel.

Como terapeuta e mentora de mulheres, sou também criadora do ProgrAMAR-SE®, um programa terapêutico que já transformou a vida de centenas de pessoas.

Minha missão é ajudar mulheres a identificarem suas batalhas internas e curarem suas feridas emocionais, abandonando a armadura de guerreira e construindo uma vida gloriosa. Tendo passado por esse processo, acredito firmemente que é possível viver com mais leveza e liberdade, sem a necessidade de dar conta de tudo sozinha.

agnesterapeuta

+55 (65) 99953-4601

agnesterapeuta@hotmail.com

NÃO SEJA REFÉM DOS SEUS SINTOMAS

VOLTANDO AO MEU LUGAR

DE GUERREIRA A GLORIOSA: JORNADA DE CURA

1

Por Agnes B. Wachholz

Comecei minha jornada como terapeuta em junho de 2017 e, como a maioria dos meus colegas, essa jornada começou ao olhar para minhas próprias questões, dores e traumas. As ferramentas que utilizava faziam sentido para o tratamento e manutenção dos sintomas, mas eu sentia que faltava algo, algo que possibilitasse ir à origem do problema e resolvê-lo, ao invés de apenas diminuir os sintomas. Em 2018, durante uma formação com a Dra. Eleanor Luzes, ouvi falar sobre as Leis Biológicas e, em 2020, fiz minha primeira formação nessa área. Foi também nesse ano que meu modo "mulher guerreira" foi reativado com toda força.

Uma série de situações desafiadoras despertou um medo avassalador em mim, acionando todos os meus instintos de sobrevivência. Estávamos no meio de uma pandemia, meu pai enfrentava sérios problemas de saúde com 90% dos pulmões comprometidos e fui confrontada com muitas memórias dolorosas da minha infância e adolescência. Entrei em um ritmo de trabalho intenso e desgastante. Eu era mãe de duas crianças pequenas, esposa, terapeuta e sócia na empresa do meu marido. Meu dia tinha hora para começar, mas não para terminar. Vivendo constantemente com pressa e sobrecarregada, sentia uma urgência de tentar resolver tudo sozinha. Vivia uma batalha interna: quando estava com minha família, minha mente estava no trabalho, e vice-versa. Não conseguia conciliar minha vida pessoal e profissional, sempre encontrando algo mais para fazer.

Em setembro de 2022, cheguei ao meu limite. Foi então que descobri algo que mudaria completamente minha vida: percebi o quanto me sentia sozinha. Descobri que durante toda a minha vida sempre me senti assim, como se não tivesse ninguém por mim ou para mim. Foi libertador ter essa consciência e perceber que essa não era mais a minha realidade.

Como já mencionei, passei por várias situações desafiadoras durante minha infância, incluindo abusos sexuais que não consegui compartilhar com meus pais. Essas experiências criaram em mim a crença de que estava sozinha no mundo e que precisava aprender a me virar por conta própria. Para me proteger, criei uma armadura emocional, comportando-me de uma maneira que mantinha os outros à distância. Eu sempre tomava a frente de tudo, acreditando que tudo tinha que ser feito à minha maneira. Essa armadura me fazia cobrar demais de mim mesma. Estava indisponível para mim e para os outros, afinal, inconscientemente, acreditava estar em perigo constante.

Eu me tornei uma mulher guerreira:

- indisponível emocionalmente: erguia barreiras para me proteger, mantendo minhas emoções trancadas e evitando qualquer vulnerabilidade;
- autossuficiente: acreditava que precisava fazer tudo sozinha, recusando ajuda e tentando controlar todas as situações;
- cuidando de tudo e todos, menos de mim mesma: colocava as necessidades dos outros acima das minhas, ignorando meu próprio bem-estar.

Essa armadura, criada para me proteger, acabou se tornando um fardo. Ao agir como uma guerreira, acreditava que estava segura, mas, na verdade, estava me isolando e esgotando minhas energias. Viver em estado de alerta constante não permitia que eu relaxasse ou realmente desfrutasse da vida. Estava sempre pronta para lutar, mas não para viver.

Mas essa era uma percepção adquirida pela criança que eu fui, não fazia sentido com a minha realidade atual. Eu não estava mais sozinha; na verdade, nunca estive. Eu só não conseguia enxergar isso.

Uma coisa que sempre digo é que só tomar consciência dos nossos problemas e limitações não é o suficiente para resolvê-los. Precisamos entrar em movimento e fazer o necessário para mudar a situação. Decidi que precisava me libertar dessa armadura e começar a cuidar de mim mesma. E, nesse momento, iniciei mais uma vez minha própria jornada de cura.

Contei com a ajuda de alguns colegas terapeutas, pois quando estamos no olho do furacão não conseguimos ter clareza sozinhos. Também utilizei todas as ferramentas terapêuticas disponíveis, principalmente as cinco Leis Biológicas.

As cinco Leis Biológicas, também conhecidas como Nova Medicina Germânica, nos capacitam a entender a história por trás de nossos sintomas. Segundo essas leis, toda doença ou sintoma é parte de um programa biológico especial com sentido inteligente, adotado pelo nosso cérebro, em resposta a uma situação traumática, inesperada e brutal, vivenciada em solidão. Esse mecanismo tem a intenção de nos proporcionar tempo para resolver a situação e garantir nossa sobrevivência.

Essas leis nos auxiliam a compreender a causa, o desenvolvimento e o reequilíbrio natural do corpo. Por trás de toda doença ou sintoma, existe um conflito biológico que precisa ser identificado e resolvido para promover a cura. Ao entendermos esses princípios, podemos reconhecer que nossos sintomas não são apenas sinais de disfunção, mas respostas inteligentes do organismo projetadas para nos ajudar a lidar com desafios emocionais e psicológicos profundos. Essa compreensão nos permite abordar a cura de maneira mais integrada, considerando a conexão entre mente e corpo e a importância de resolver conflitos emocionais para promover a saúde e o bem-estar.

Durante o processo, percebi que tudo que vivi, desde o momento da minha concepção, deixou registros e marcas que impactaram todas as áreas da minha vida. E que algumas situações tinham o mesmo pano de fundo, ou seja, o mesmo conflito de origem que refletia na minha vida pessoal, impedindo que eu tivesse autocuidado e desenvolvesse amor-próprio, e na vida profissional, pois eu duvidava da minha capacidade e habilidade, sempre precisando fazer mais. Na questão financeira, tinha bloqueios que me impediam de alcançar a realização e a prosperidade que desejava, e nos meus relacionamentos, estava indisponível emocionalmente. Também percebi a influência daquilo que meus antepassados viveram sobre a minha vida atual, como estava repetindo e me atraindo para situações semelhantes. Precisei olhar para todas essas questões.

Em dezembro de 2022, ainda buscando meios de liberar a necessidade de ser uma guerreira e me tornar uma mulher gloriosa, criei meu programa terapêutico com base nos protocolos que estava utilizando em mim e nas minhas pacientes no consultório. Assim surgiu o ProgrAMAR-SE, um programa terapêutico em grupo, em que utilizo as Leis Biológicas para identificar a origem dos bloqueios e das limitações que enfrentamos, e de ferramentas energéticas para fazer a liberação dessas crenças e padrões comportamentais, que na maioria das vezes são inconscientes.

Passei 34 anos da minha vida em estado de alerta, me armando, por acreditar em algo que não era real e vivendo batalhas internas que nem eu mesma sabia que existiam. Precisei chegar ao meu limite físico e emocional para perceber que algo precisava ser feito. Apesar de já ter olhado para várias questões pessoais desde a adolescência, ainda existiam memórias profundas no meu inconsciente que regiam a minha vida.

Precisei chegar ao fundo do poço para perceber que não fazia sentido continuar vivendo daquela maneira. Foi lá que escolhi fazer diferente. Mesmo sem saber ao certo como fazer ou quanto tempo levaria, decidi deixar de ser uma guerreira e me tornar uma gloriosa.

E talvez você esteja se perguntando: O que significa ser uma gloriosa e viver uma vida gloriosa? E a resposta é: ser uma gloriosa é identificar e se libertar da batalha interior. É encontrar leveza e liberdade ao viver em paz, sendo e fazendo aquilo que realmente faz sentido dentro da sua própria percepção. É reconhecer seus próprios limites, desejos e vontades, e respeitá-los. É permitir-se ser vulnerável, pedir e aceitar ajuda. Desenvolver o amor-próprio, priorizando o autocuidado. É ter relacionamentos saudáveis e estar realmente presente com seus filhos, marido, família e amigos. Trabalhar com o que ama, alinhado ao seu propósito de vida. Ser próspera. É acordar pela manhã sem angústia e autocrítica, com a certeza de que está fazendo o seu melhor.

Minha vida continua repleta de demandas e responsabilidades. Percebi que, hoje, vivendo como uma gloriosa, faço muito mais do que quando era uma guerreira. A grande diferença é que, agora, escolho o que fazer e como fazer; não estou agindo por instinto, medo ou necessidade. Por isso, minha vida é leve. Tenho plena consciência do que estou fazendo e por quê. Há dias mais difíceis, e as situações desafiadoras continuam surgindo, mas continuo vivendo e resolvendo dentro das minhas capacidades. A mudança é interna.

Ser uma gloriosa não impede que desafios e situações difíceis apareçam; o que muda é a maneira de enfrentá-los. Uma gloriosa resolve suas questões com leveza, liberdade e sabedoria, pois já enfrentou e venceu sua maior batalha: a interior. Tem paz em ser quem é e, quando está em paz internamente, nada do lado de fora pode alterar isso. Ela conhece sua coragem, sua força e sua sabedoria para resolver os desafios, porque está fortalecida sendo quem é de verdade.

Quando vivemos alinhados com nossa verdade, a vida se torna mais leve, mesmo diante das dificuldades. Ao libertar-nos dos condicionamentos do medo e dos registros traumáticos, somos capazes de nos conectar com nossa essência verdadeira.

Hoje, conduzo mulheres nessa mesma jornada de transformação. Seja através de consultas individuais, do programa ProgrAMAR-SE ou da mentoria De Guerreira a Gloriosa, estou aqui para guiá-las. Tendo passado pelo processo e possuindo profundo conhecimento das terapias, sei o caminho e posso ajudar você a se libertar da armadura que você criou, identificando e superando suas batalhas internas. Juntas, podemos construir a sua vida gloriosa, respeitando a individualidade e os desafios únicos de cada uma. A transformação que você busca está ao seu alcance, e estou aqui para ajudá-la a alcançá-la.

“Uma gloriosa resolve suas questões com leveza, liberdade e sabedoria, pois já enfrentou e venceu sua maior batalha: a interior.”

Agnes B. Wachholz

Alex Corsino

Sou Alex Corsino, natural de Santos/SP, residente em São José de Mipibu/RN e pai de três lindas meninas: Valentina, Helena e Heloísa.

Com mais de quatorze anos de experiência, auxílio as pessoas a superarem desafios e alcançarem o bem-estar físico e mental. Tenho uma abordagem holística, considerando o indivíduo como um todo, em suas dimensões física, mental, emocional e espiritual, proporcionando uma visão completa da saúde e doença.

Apaixonado por inspirar e motivar pessoas, hoje dedico a maior parte do meu tempo como terapeuta no tratamento integrativo do câncer, utilizando dos conhecimentos da Medicina Germânica e das práticas da Programação Neurolinguística para auxiliar pacientes durante o tratamento na jornada de cura.

alexscorsino

+55 (84) 98846-4435

contato@alexcorsino.com

Alex Corsino

NÃO SEJA REFÉM DOS SEUS SINTOMAS

VOLTANDO AO MEU LUGAR

INVARIANTE BIOLÓGICO: A RELAÇÃO ENTRE MENTE, CORPO, PSIQUE E OS SINTOMAS

2

Por Alex Corsino

A vida, em sua complexa trama de eventos, nos convida a uma jornada de autoconhecimento. Cada passo, cada desafio, cada conquista e cada perda nos oferece a oportunidade de aprender e crescer. É comum focarmos apenas os aspectos positivos, mas é nos momentos de dificuldade que encontramos os maiores aprendizados.

Em 1992, aos meus 14 anos, a minha mãe faleceu por causa de um diagnóstico de câncer, dado em 1988. Começou na mama, teve melhora em seu processo, mas em 1992, uma recidiva e metástase. Esse evento me fez amadurecer ainda muito jovem. Contudo, algumas dores emocionais perduraram durante anos. O tempo não é o remédio e nem a resposta, mas sim o principal elemento de todo o nosso processo de cura física, emocional e, se pudermos dizer, espiritual.

O evento da morte da Dona Adelaide me fez perceber, ao analisar o seu contexto de vida, que a doença não derivou de como ela lidava com a saúde física, mas de como ela lidava com as emoções, mantendo-se refém de algumas delas, como a mágoa. Naquela época, nem a Medicina nem as entregas terapêuticas eram tão expansivas e integrativas como hoje. Fizemos de tudo, inclusive ela, para que a doença não tomasse conta dos seus dias e que a sua longevidade fosse em aproveitar a vida e os filhos, e quem sabe, os netos. Com tudo, isso não foi possível.

Somente aos 44 anos, trinta anos depois da sua morte, que a vida me pareceu ter um sentido maior. Depois de viver três décadas atuando no mundo corporativo, vivenciando profundos processos de autoconhecimento e sendo pai de três lindas meninas (Valentina, Helena e Heloísa), foi que comecei a fazer da minha história de vida um impulsionar para que outras vidas pudessem ter uma perspectiva diferente do câncer. E esse olhar veio por meio da Medicina Germânica, em junção com a Programação Neurolinguística.

Todos temos alguma história de perda para contar: algum ente amado, um emprego, um carro, uma casa, um animal de estimação. Em algum momento, no passado, nós perdemos algo que tanto queríamos bem, que amávamos. Vale, aqui, não focar a perda, e sim perceber o quanto também podemos ganhar quando lidamos com qualquer tipo de luto.

Com o Dr. Ryke Geerd Hamer não foi diferente. Nascido em 1935, na Alemanha, estudou Teologia, Medicina e foi também um inventor de instrumentos médicos. Após completar a sua especialização em Medicina Interna, começou a trabalhar como responsável pelas internações de pacientes oncológicos na clínica universitária de Tuebingen. Tendo sucesso em sua carreia, mudou-se com a família para a Itália. Quando em Roma, em agosto de 1978, Dr. Hamer e a sua esposa, Dra. Sigrid Hamer, receberam a notícia de que o filho Dirk havia sido baleado acidentalmente, vindo a falecer em dezembro do mesmo ano.

Pouco tempo depois da morte do filho, Dr. Hamer foi diagnosticado com um câncer no testículo, o que o levou a perceber a relação com a perda profunda do seu filho. A partir disso, o olhar para os seus pacientes mudou, passando para além dos diagnósticos e, também, investigando os seus contextos de vida, percebendo a relação da doença com algum tipo de choque inesperado. A sua própria história de vida o fez identificar que a maioria das doenças está relacionada com a vivência de um evento inesperado, traumático e em solidão. Seus estudos se organizaram na base da Nova Medicina Germânica, que ele denominou como as cinco Leis Biológicas.

Hamer poderia ter se fixado na perda do filho em um evento traumático, seguido do seu diagnóstico de câncer. Sua vida poderia ter se limitado àqueles momentos. Contudo, conectado a perceber algo maior, o seu olhar para o próprio diagnóstico não o fez refém dos seus sintomas, mas sim o pai de uma revolução no campo da Medicina, em que pôde confirmar suas descobertas em mais de quarenta mil estudos de casos.

Quando olho para o câncer na minha família, consigo perceber a relação entre o contexto de vida da minha mãe, da sua infância à sua morte. Pontuar as fases e os eventos mais marcantes, das alegrias às tristezas, dos sorrisos aos gritos de dor em sua fase terminal.

É bem certo que criamos expectativas quando ainda no nosso desenvolvimento uterino. Por coincidência, no mesmo ano que o Dr. Hamer viveu o seu evento dramático, eu nasci. Em 1978, ainda no gracioso útero da minha mãe, eu pude acompanhar seus momentos de aflição ao experimentar um processo de separação conjugal (dela e de meu pai), vivenciando toda a agonia do que aquele evento representava para ela naquela época e de como seria dali para frente ao lidar com a criação de duas crianças, meu irmão (quase cinco anos mais velho que eu) e eu, um recém-nascido.

Certamente, ela teve apoio de pessoas queridas enquanto lutava para sustentar os filhos na cidade de Santos. Foi desafiador para uma mulher ainda jovem. Quando nasci, ela tinha 45 anos.

O câncer chegou lá em casa em 1988. Naquela época, ela tentava uma aproximação do meu pai com os filhos. Ela estava certa que a relação conjugal não fluiria, mas que a presença do pai na vida dos filhos era fundamental. Meu irmão, na infância, sempre foi muito apegado ao meu pai; eu, mais colado à minha mãe, era mais distante. De certa forma, eu cresci revoltado pelo abandono que ele causara em nosso lar. E, numa tentativa dessa reaproximação, meu pai e eu (com 10 anos) tivemos uma discussão. E aquilo não fez bem a ela. Eu cresci recebendo muito amor e, ao mesmo tempo, sentindo uma raiva grande pela ausência do meu pai. Era difícil manifestar o que eu sentia de bom por ele. Ela parou de insistir nessa reaproximação. Meses depois disso, veio o diagnóstico do câncer na mama direita.

Ela fez todo o tratamento de forma rigorosa, com o apoio da minha família materna, superou os momentos desafiadores. Contudo, em 1991, novos eventos traumáticos envolvendo o meu irmão mais velho a fizeram ser diagnosticada com uma recidiva, agora na mama esquerda. Em 1992, cansada desses eventos, vi ela se entregar ao processo, vindo as metástases e, por fim, o cumprimento da sua jornada, quando eu tinha 14 anos.

Quando expandimos a nossa consciência, percebemos que a vida pode ser mais leve do que parece (prefiro usar da pressuposição positiva aqui, ao invés de dizer que a vida pode ser menos pesada). Sim, a vida é leve. Os desafios parecem torná-la pesada, mas são somente desafios para que venhamos a crescer. Se você acreditar que as dificuldades são para afundá-lo, certamente você se tornará refém dos seus sintomas.

O nosso corpo manifesta aquilo que estamos vivendo, e é justamente isso que a Nova Medicina Germânica nos ensina. As dores emocionais que vivenciei durante anos, de forma inconsciente, derivadas da perda da minha mãe para o câncer, me levaram a ser um terapeuta focado em compreender o quanto o nosso corpo é perfeito e capaz de promover a própria cura. Não foi simples fazer a transição da minha carreira para cuidar da saúde física e mental de pessoas que passam por processos desafiadores em sua jornada de tratamento do câncer. Mas, por que tratar justamente o câncer? Porque, além do corpo, é uma doença que aflige a alma das pessoas. E eu sei exatamente do impacto que isso gera no paciente e na família.

Há uma relação direta dos eventos traumáticos que vivenciamos com a nossa biologia. Viver algo inesperado e dramático (que causa sofrimento e aflição) também nos fará sentir uma dor emocional afetando, simultaneamente, corpo, mente e alma (psique). Se uma coisa que pude confirmar por meio da Nova Medicina Germânica e das experiências em centenas de casos que atendi é de que somos seres inteiros. Não podemos olhar somente para a mama, só para o fígado, ou intestino, ou pulmão. O nosso corpo se conecta por meio das suas ligações nervosas, nos permitindo perceber que, por exemplo, cérebro e mama se comunicam e o que acontece com um está registrado no outro.

Uma doença, como um câncer, não é uma sentença de morte, muito menos um diagnóstico que define as nossas vidas. É uma manifestação que reforça o propósito biológico do corpo, proliferando ou necrosando células para que o corpo seja capaz de lidar com um impacto dramático, ativado pela inteligência do organismo por meio de um sistema biológico de sobrevivência. Daí aprendemos que uma doença também pode ser chamada de um conflito biológico, totalmente tratável quando identificamos a raiz emocional. E, acredite, muitas vezes essa raiz está nas nossas infâncias. Criamos expectativas sobre o mundo e as pessoas e quando não sabemos lidar com o diferente que surge, podemos adoecer. Seja um sentimento de que estamos sendo separados de alguém, de uma traição, de um golpe sujo, de algo indigesto ou de não perceber o próprio valor. Qualquer manifestação que o nosso corpo tenha, o que ele quer é nos chamar a atenção de que algo deve ser tratado em nosso íntimo, nos permitindo a ter novas descobertas sobre nós mesmos, criar novas perspectivas sobre o que nos rodeia e nos fazer evoluir, vivendo de forma livre dos sintomas e com maior leveza.

Do empresário que se sobrecarregou ao centralizar tarefas e não soube lidar com assuntos indigestos, gerando um câncer no intestino; da mãe, que ao ver a filha envolvida num acidente de carro, sentiu que ela estava sendo arrancada do seu peito, obtendo em seguida um diagnóstico do câncer na mama esquerda; da mulher que foi agredida verbalmente, desenvolvendo um câncer no peritônio porque se sentiu atacada; da filha que não sabia lidar com a raiva quando a mãe se intrometia em sua vida, gerando um câncer no intestino; da mulher que sentiu que a sua vida estava sendo uma "merda", gerando câncer colorretal; do irmão que não sabia lidar com o ponto de vista da irmã e "ganhou" uma gastrite; entre tantos outros casos que atendi.

A doença pode parecer um invariante biológico, contudo, quando acolhemos a dor, podemos percebê-la como um portal para a cura, que pode nos levar a um profundo processo de autoconhecimento e crescimento.

"A inteligência do corpo, em seu elo com a sabedoria da alma, revela o que precisa ser sentido e curado."

Alex Corsino

Bárbara Vettorazzi

Meu nome é Bárbara Faccio Escrivani Vettorazzi, carioca da gema, hoje residindo em Niterói/RJ e casada com André Santos Guerbatin.

Sou terapeuta integrativa com foco no início da vida e formada em Biologia. Acredito que o Universo colocou no meu caminho uma ferramenta chamada Leis Biológicas. Sou especialista e referência quando o assunto é concepção, gestação, parto e os impactos que esses momentos têm na nossa vida. Atendo muitas mães que trazem queixas em relação aos filhos, seja elas quais forem.

Mães, existe sim uma forma de tratar seus filhos sem remédio, somente corrigindo a informação. Fiquem tranquilas: seu filho não será este ou aquele diagnóstico para o resto da vida.

terapeuta_barbara_vettorazzi

vettorazzibarbara@gmail.com

AUTISMO PELA VISÃO DAS LEIS BIOLÓGICAS 3

Por Bárbara Vettorazzi

Eu sempre fui muito curiosa, sempre quis entender o porquê de algumas coisas. Muito questionadora, não encontrei as respostas que queria. O que será que estamos fazendo aqui? Será que a vida é estudar, se formar, se casar e ter filhos? Por que nos aproximamos de certas pessoas? Por que algumas pessoas morrem mais cedo? Sempre que encontrava alguma resposta, eu me interessava por estudar, pesquisar.

Até que eu decidi fazer minha transição de carreira e fui estudar um negócio chamado Leis Biológicas. O que me chamou mais atenção foi o outro nome que algumas pessoas também usam: Nova Medicina Germânica. E lá fui eu. Eis que me deparo com explicações das "doenças" (entre aspas porque não acredito em doença, logo vocês saberão).

Foi quando entendi por que algumas pessoas têm este ou aquele sintoma. E fui além: decidi estudar a gestação. Se nossa vida começa ali, com certeza poderia fazer alguma relação. Assim, eu me deparo com casos absurdos de autismo que me deixaram intrigadas. O que está acontecendo de diferente para tantas crianças estarem sendo diagnosticadas com autismo? Por que há poucos anos nem se falava sobre autismo? Seria a forma como elas estão nascendo, pelo número extremamente alto de cesáreas? Seria o que as mães viveram quando elas estavam sendo gestadas? Seria o que as crianças da nossa ancestralidade viveram e que estamos revivendo? Por que agora? Vendo o desespero de muitas mães grávidas com medo de terem filhos autistas que decidi me aprofundar nesse assunto.

Vou explicar para vocês que não sabem o que são as Leis Biológicas ou a Nova Medicina Germânica. Essa ferramenta foi desenvolvida por um médico oncologista chamado Ryke Geed Hamer, alemão, falecido em 2017. Em 1978, ele teve câncer no testículo, dois meses após a morte trágica do seu filho. Um evento totalmente inesperado. Foi então que começou a se questionar. Pela medicina tradicional, ele não tinha predisposição, não tinha alteração genética, não tinha nenhum caso na família. Por que logo após a morte do filho ele desenvolve um tumor em um órgão responsável pela reprodução? Não poderia ser aleatório. Então, ele começou a buscar o sentido biológico do sintoma.

Percebendo que viveu um choque biológico, sentiu-se com medo, impotente e sozinho e pôde concluir que, quando existe um evento traumático, nosso cérebro tira uma foto e registra tudo que está em volta naquele momento – horário, clima, cheiro, gosto, visão da cena, barulhos... A partir desse evento, temos uma área cerebral atingida (Focos de Hamer), um órgão atingido e uma percepção adquirida. "Não é o que você viveu, e sim como viveu." E foi assim que Hamer começou a tratar seus pacientes com câncer, escutando as histórias dos pacientes, relacionando os eventos traumáticos que aquela pessoa viveu e fazendo a tomografia cerebral para entender como o cérebro se comportava.

Agora, vocês devem estar se perguntando: "E o que isso tem a ver com o autismo?". Doutor Hamer notou que as crianças que apresentam autismo tinham duas áreas adjacentes comprometidas no cérebro (Focos de Hamer) que correspondiam, respectivamente, aos órgãos da laringe e da vesícula biliar. A **laringe** expressa um conflito de medo frontal, intenso, de pavor, vividos na **energia feminina**, em que o perigo está sob a pessoa, mas ela não pode reagir, não pode se expressar. Na **vesícula biliar** encontramos conflitos de **injustiça** e de **humilhação**. São grandes noções de injustiça em que não tenho (ou me tiram) o meu lugar.

Para as Leis Biológicas, os conflitos envolvidos no autismo são grandes injustiças em que o lugar da pessoa está ameaçado e ela não pode se expressar (noção de segredo). Vou traduzir para vocês. Quando falamos da dificuldade na fala, olhamos para esta questão de expressão. O que será que está impedindo esta criança de falar? Qual a vantagem em não se expressar? Qual o perigo em se expressar? Pode ser uma situação de abuso que os pais sofreram e ninguém sabe; pode ter sido uma gestação indesejada que foi escondida em um primeiro momento. Esta informação pode ser da vida dos pais, dos avós, dos bisavós... Nesse caso, sempre iremos buscar os segredos desta família. A médica Eleanor Luzes diz que se o filho for menino tem mais relação com a história do pai e se for menina tem mais relação com a história da mãe. Ela também diz que as mães de filhos autistas sofreram demais na infância.

Em relação às injustiças e ameaças ao "meu lugar", olharemos as dificuldades que a criança tem de se encontrar naquela família, de ser recebida como filho e não achar justo que o irmão tenha mais vantagem do que ela, por exemplo. Podem ser situações em que a gravidez não foi desejada e a criança não se sente bem-vinda. É importante ressaltar que olhamos para cada sintoma, em específico, quando trabalhamos com as Leis Biológicas. Eleanor Luzes diz que "é muito raro uma criança ser autista, que um autista mesmo fica olhando para a parede e não interage com ninguém". Entretanto, com as Leis Biológicas nós olharemos para os sintomas. Nós sabemos que nem todos os autistas possuem o mesmo sintoma a partir do mesmo diagnóstico.

O médico Michel Odent diz que "os autistas e outros aspectos do espectro autista também podem ser apresentados como uma expressão de danos na capacidade de amar". Ele faz relação entre a forma de nascimento e o autismo, e fala, principalmente, da ocitocina sintética como estratégia de indução ao parto. Para quem não sabe, a ocitocina é o hormônio do amor, do vínculo, é a cola social. Quando uma mulher toma ocitocina sintética, ela deixa de produzir a ocitocina do próprio corpo e somente esse fato já começa a desvincular a mãe do bebê, mesmo que ela não saiba. O enamoramento após o nascimento não é o mesmo, há dificuldade no contato olho no olho. Se o bebê ainda é levado para longe da mãe, esse contato realmente já não vai existir. O que pode ficar registrado no inconsciente do bebê é "me vincular é perigoso, contato visual não é legal", pois foi isso que aconteceu logo quando ele nasceu. E como essa foi a primeira impressão dele de como é a vida aqui, o inconsciente dele é programado para viver a vida desta mesma forma.

Uma psiquiatra japonesa chamada Ryoko Hattori pesquisou o risco de desenvolver autismo devido ao local de nascimento da criança. Ela descobriu que crianças nascidas em um certo hospital tinham mais chances de desenvolverem autismo, pela forma como eram conduzidos os nascimentos. E como eram os nascimentos nesse hospital? Era comum induzir o trabalho de parto uma semana antes da data provável, utilizando um mix de sedativos, anestésicos e analgésicos durante o parto. E agora é o momento em que as mães se culpam de tudo que fizeram. Calma, vocês não tinham essas informações. Meu objetivo é trazer estas informações para que vocês tenham novas oportunidades de tratarem seus filhos.

Vou contar um caso que tive no consultório: a mãe chegou com a queixa de autismo do filho. Era um menino de 4 anos que não conseguia completar frases, que não gostava de contato físico, não fazia contato visual e se autoagredia. Primeiro, trabalhamos a vida pré-natal dessa mãe, que não foi bacana. A gravidez não foi desejada, ela era muito nova e apenas namorava o pai do menino. A sua mãe, avó do menino, tinha problemas psiquiátricos. Depois disto, fui trabalhar as questões que essa mãe vivenciou durante a gestação; ela passou por situações de muita raiva. Trabalhamos o parto traumático dele, da violência obstétrica que eles viveram, o desrespeito, o fato dele ter ficado longe da mãe, de não ter tido contato visual nem contato físico com ela. Durante as consultas, eu também a incentivava a não usar o rótulo do autismo, para que ela não ficasse colocando o filho em uma caixa e assumindo que ele tinha aquele comportamento por causa do autismo. E isso foi uma grande virada de chave para ela. Resumindo, eles começaram a dormir juntos, ele aceitava os abraços, começou a formar frases e até dizer o que estava sentindo (também pelo fato dela ter começado a conversar com ele).

Essa mãe ressignificou a histórias deles, entendendo o que o sintoma do filho estava querendo contar para ela – que ela também precisava olhar para a história dela –, e o filho teve uma melhora significativa. Se ela conseguiu, você também consegue!

Se você é mãe, está lendo este livro e seu filho também tem esse diagnóstico, eu digo a você que é possível que ele melhore. E que ele não vai ser autista para o resto da vida. Eu entendo a limitação da medicina tradicional, ela não tem o conhecimento das Leis Biológicas e só consegue remediar o problema. Eu consigo ir à origem e descobrir os motivos da criança ter desenvolvido autismo. Se você quiser dar esse passo no tratamento do seu filho, transformar a vida dele e da sua família, conte comigo. Estou disponível para auxiliar você nessa jornada!

Referências bibliográficas

ODENT, M. *A cientificação do amor*. 2. ed. Florianópolis: Saint Germain, 2002.

Introdução à Ciência do Início da Vida (CIV), curso desenvolvido pela médica psiquiatra Eleanor Luzes.

Noções da Existência, curso de formação para terapeutas em Leis Biológicas ministrado pelo Rafael Livramento.

“Seu filho não é autista, ele é seu filho, é o João, a Maria. Ele tem alguma dificuldade.”

Bárbara Vettorazzi

Você
TRAUMA FAMILIAR

Bruna Neri

Sou Bruna Neri, nascida e criada em São Paulo/SP, mãe orgulhosa do Enzo, um menino incrível. Como terapeuta integrativa, dedico-me a ajudar as pessoas a compreenderem, dentro da sua história, a origem de seus sintomas, patologias e comportamentos,

Utilizo diversas ferramentas terapêuticas, mas as 5 Leis Biológicas são o alicerce do meu trabalho. Acredito que o fio condutor entre psique, órgãos e cérebro revela o caminho para a integração entre experiências vividas e as respostas do inconsciente. Minha paixão é desvendar esse quebra-cabeça, ajudando a trazer uma nova percepção. Viver meu propósito nesta jornada terapêutica tem sido uma experiência transformadora.

bruna.neri.terapeuta

bruna.neri.terapeuta@gmail.com

DOENÇAS AUTOIMUNES: MENSAGENS DO CORPO 4

Por Bruna Neri

As doenças são sintomas que revelam conflitos enfrentados em nossas vidas. Quando conhecemos a nossa história a fundo, adquirimos os recursos necessários para entender nossa verdadeira identidade e mudar nossa percepção sobre os conflitos que geraram os sintomas e as patologias.

As doenças autoimunes resultam de um mau funcionamento do sistema imunológico, levando o corpo a atacar seus próprios tecidos. Os sintomas variam conforme a doença e a parte do corpo afetada. Exemplos comuns são esclerose múltipla, vitiligo, doença de Crohn, artrite reumatoide e psoríase.

As cinco Leis Biológicas nos contextualizam que as doenças surgem como uma resposta biológica diretamente relacionada aos conflitos vividos. Ao trazer para a consciência esta ligação entre os conflitos e a forma como o inconsciente lida com eles, é possível abordar os sintomas de maneira diferente. Com a nova informação, o corpo começa a se adaptar a esta nova realidade de consciência. O Dr. Ryke Geerd Hamer, médico alemão que desenvolveu as cinco leis, enfatizou a tríade psique, cérebro e órgãos. Segundo ele, sempre existe um programa biológico rodando nos bastidores, conduzido pela mente inconsciente.

Quando surge o diagnóstico de uma doença autoimune sem o conhecimento de sua origem, é comum que a pessoa se sinta culpada, ainda que de forma inconsciente, responsabilizando-se pela criação da doença. Esse processo nutre um círculo vicioso, criando conflitos e, consequentemente, agravando a situação. Ao receber um diagnóstico, é importante fazer uma pausa para uma análise mais profunda das origens, evitando esta dinâmica perversa.

Em 2016, quando recebi meu diagnóstico de esclerose múltipla, vi uma oportunidade de viver o processo de forma integrativa, o que contribuiu significativamente para a remissão dos meus sintomas. Essa pausa me permitiu explorar caminhos alternativos e encontrar ferramentas que hoje utilizo em minhas terapias. Enfrentei vários sintomas ligados à doença, como dificuldades motoras, perda de força muscular, espasmos, rigidez, falta de equilíbrio para andar e coordenação básica para conseguir escrever, por exemplo. Perder os movimentos de uma hora para outra não foi nada elementar; receber a notícia de uma doença que não tem cura e ter a possibilidade de os movimentos não voltarem é estarrecedor.

Após o choque inicial, a maneira como consegui enxergar a doença e transformar minha percepção sobre minha história e minha vida me ajudaram a me reposicionar em relação ao meu diagnóstico. Mesmo diante das dificuldades, nunca entrei em luto, não senti raiva nem impotência com a doença, e meu primeiro movimento foi caminhar em direção à aceitação, não de rendição, mas de acolhimento. Havia claramente um aprendizado nesse processo, e eu queria vivê-lo de forma consciente. Não gostava de chamá-la de "doença", então, resolvi dar um nome à esclerose, quase humanizando a patologia. E o segundo movimento foi entender a mensagem que meu corpo estava tentando me comunicar. Sempre acreditei que há um propósito em todos os processos e vibrar no conceito de que era uma vítima das circunstâncias não era uma opção para mim.

Fiz um trabalho de retrospectiva da minha história, buscando informações que pudessem me dar pistas sobre a origem da patologia. Analisei meu transgeracional, minha gestação, meu parto, minha infância e adolescência sob uma ótica investigativa; decidi reescrever minha história. Passei a valorizar estar viva, desligando aos poucos a mentalidade de apenas sobreviver. Mudei meus hábitos diários, começando pela alimentação, aprendi a me conectar, a pausar, a respirar. Aos poucos, minhas limitações físicas foram cedendo e meus movimentos voltando. Mas eu já não era a mesma. Passei a me divertir mais com meus processos, vendo a doença como uma oportunidade de renascer dentro da minha própria história.

Foi nessa jornada que me encontrei com as cinco Leis Biológicas. Ao aprofundar-me nelas, tudo fazia mais sentido. Estudei e apliquei essas ferramentas em mim mesma, tornando possível viver e medir empiricamente os resultados. Minha história, meus conflitos, a forma como meu inconsciente significou os eventos mais traumáticos na minha vida acabaram resultando naquela patologia.

As Leis Biológicas afirmam que todas as doenças envolvem um conflito biológico, refletindo a tríade psique, cérebro e órgãos, em que tudo está conectado. Quando falamos de esclerose múltipla, podemos identificar diferentes facetas de conflito, como separação, autodesvalorização e conflito motor. Conflitos relacionados à incapacidade de se mover ou sentir-se preso refletem um medo impotente em relação aos movimentos. Nossa história se torna conteúdo de pesquisa, ajudando-nos a compreender o caminho que culminou no diagnóstico.

Nós olhamos as doenças autoimunes de forma individual, cada uma traz uma temática e um conflito diferente, mas todas elas têm algo em comum: o impacto biológico, que é a percepção do inconsciente sobre os eventos, onde vivemos e sentimos medo, impotência e solidão. Esse impacto biológico não necessariamente vai se manifestar como uma patologia, tudo depende da nossa percepção, de como nosso inconsciente escolheu significar os eventos e como lidamos com os conflitos.

Por exemplo, o vitiligo é caracterizado por manchas brancas que aparecem e se estendem na pele. Segundo as Leis Biológicas, esse processo está ligado, em sua origem, a uma temática de separação vivida de forma muito profunda, resultando em uma interpretação do corpo em buscar a purificação como reparo. O sentido biológico da despigmentação é uma tentativa do corpo de limpar, lavar, apagar, livrar-se de uma "sujeira" em que existe um conflito de separação desejada, mas impossível. Os sintomas podem levar ao que chamamos de "conflito de tranca", devido ao julgamento externo, ressaltando a importância do acolhimento. Em um caso de vitiligo que trabalhei, a pessoa apresentava sintomas ao redor dos olhos e, após nos aprofundarmos na terapia, ela me contou que flagrou seu pai com uma de suas funcionárias. Foi depois do episódio que a patologia se manifestou. Vitiligo é uma separação brutal e é exatamente nos locais da separação que os sintomas aparecem.

Outro exemplo é a doença de Crohn. No caso das patologias que envolvem o intestino delgado, pesquisamos dentro da sua história registros que envolvam contrariedades vividas, informações difíceis de digerir, complexas de absorver ou assimilar. Pode haver também relação direta com dinâmicas de escassez, medo da falta. Nesse caso, a manifestação da patologia ocorre não na fase que o conflito está ativo, mas quando se inicia o processo de resolução. A doença de Crohn aparece a partir da ideia de que é preciso digerir para absorver o máximo, é preciso processar todas as informações que não conseguiu eliminar. Como se todas as vivências indigestas estivessem grudadas na parede do intestino e precisassem de uma movimentação do órgão para eliminar aquilo tudo. As crises acontecem toda vez que a pessoa se põe no trilho do conflito, quando ela revive não necessariamente a mesma "sujeira", mas a mesma percepção do que foi registrado com a patologia.

Quando falamos de artrite reumatoide, vamos buscar registros na sua história de autodesvalorização. É uma doença inflamatória crônica, que pode afetar várias articulações. Acomete as mulheres duas vezes mais do que os homens. Um conflito de autodesvalorização em que a pessoa é obrigada a fazer o que não quer ou não é capaz de fazer o que quer. Observo em meus atendimentos que as pessoas que têm artrite tendem a internalizar percepções negativas ou evitam e escondem situações frustrantes, em vez de expressá-las. O lugar afetado apresenta a especificidade do que a pessoa viveu.

Outro exemplo comum entre meus atendimentos é a psoríase. Biologicamente, ela apresenta sintomas ligados ao que chamamos de duplo conflito de separação, manifestando-se de duas formas: a primeira com escamações na pele e a segunda com a umidificação da ferida. Quando um conflito de separação é resolvido, mas isso gera outra separação, o local da ferida também é um condutor de investigação dentro do meu atendimento. Geralmente, os conflitos relacionados à psoríase têm uma temática familiar.

Em um atendimento que fiz com esse diagnóstico, a pessoa trouxe um registro forte da infância: os pais viajavam muito a trabalho e ela sofria com a perda de contato. Adulta, viveu uma situação inesperada, teve um grande confronto com o pai, afastando-se dele; ao se resolver com o pai, a mãe não aceitou a reconciliação, resultando em um rompimento entre elas. Algum tempo depois, veio o diagnóstico. Começou pela perna direita e, depois, a esquerda. Ela tinha crises frequentes, e dentro do seu casamento apresentava comportamentos repetitivos, com medo da perda e da separação. A partir dessa conscientização, as crises foram controladas, ela conseguiu ressignificar suas relações e levar o seu casamento de forma mais saudável, sem a carga da história dos conflitos com os pais. É importante lembrar que os acontecimentos em nossas vidas não são necessariamente causadores das patologias. A forma como o inconsciente lida com elas pode incorrer nessa dinâmica. Por isso que muitas vezes o mesmo evento vivido por pessoas diferentes tem efeitos tão diversos em cada indivíduo.

Passamos por alguns exemplos de doenças autoimune e, ao integrar o conhecimento das cinco Leis Biológicas, podemos oferecer uma abordagem mais completa e integral, proporcionando uma jornada mais esclarecedora. Tratar com o apoio das Leis Biológicas envolve usar a comunicação do corpo para investigar as origens das patologias, e tratar cada uma delas a partir da integração entre psique, cérebro e órgãos. A maneira como encaramos a doença, a partir da aceitação e acolhimento, pavimenta o caminho do tratamento e pode mudar significativamente a percepção da realidade.

"Compreender a nossa história é transformar sintomas em ensinamentos."

Bruna Neri

Carolina Lago

Sou Carolina Santos Lago, natural de Mairiporã/SP e hoje resido em Atibaia/SP com a minha família: meu esposo Luiz e minha amada filha Luiza, minha luz.

Sou fisioterapeuta, formada há quatorze anos. Minha trajetória inclui uma especialização em UTI Neonatal e área hospitalar. A pandemia me despertou para um olhar mais abrangente, passando a compreender o paciente como uma interação entre corpo, mente e espírito. Acredito na importância de compreender cada indivíduo em sua totalidade. Baseada nesse conceito, resolvi me dedicar aos estudos na área integrativa. Nesse processo de desenvolvimento, me transformei e aprimorei a minha percepção para os meus sintomas e processos.

Hoje, além da área hospitalar, também realizo os meus atendimentos como terapeuta em Leis Biológicas e Microfisioterapia.

carollago_terapiasintegrativas

LIBERTE-SE DO CONTROLE DO SEU SINTOMA

5

Por Carolina Lago

É um prazer poder compartilhar com você o meu conhecimento e estudo sobre os sintomas. Sempre fui uma leitora curiosa sobre as emoções dos seres humanos, mas para chegar até aqui tive que me aprofundar na minha história, onde pude perceber que muito do que passei como criança serviu para me fortalecer como adulta.

Após me graduar em Fisioterapia, iniciei a minha carreira atuando na área hospitalar. Em contato com inúmeros pacientes e suas necessidades, a minha curiosidade foi se revelando e então comecei a questionar e buscar saber o porquê das doenças e seus sintomas.

No início dessa jornada, eu já demonstrava muito interesse em assuntos relacionados à física quântica, constelações sistêmicas e frequências energéticas. Eu buscava uma nova percepção diante do autoconhecimento. Naturalmente e de forma gradual, esse desejo em aprimorar os meus conhecimentos e desvendar as razões de cada dificuldade ou doença me levou a concluir que a chave para a resolução de todos conflitos e dificuldades durante a nossa vida é o que passei a chamar de autoconhecimento.

O autoconhecimento é saber exatamente o que acontece com você e o porquê você vive o que vive e sente o que sente, é conectar-se com a sua essência. Se eu não tivesse seguido por esse caminho e me conectado tanto comigo mesma, hoje não estaria apta a ir tão profundamente com os meus pacientes. Meu mentor Rafael Livramento sempre diz: "Você só leva o seu paciente até onde você já foi", e é justamente isso.

Faz dez anos que venho em uma constante busca pelo meu autoconhecimento. Nesse período, pude aprender muito com a minha querida terapeuta, Karina Topper, que foi me trilhando nas buscas e aprendizados nessa jornada. Ela sempre me dizia: "Você tem uma sensibilidade única, deveria se aprofundar mais na causa emocional dos seus pacientes". Naquela época, eu já tinha consciência de que o emocional afetava a nossa saúde, mas isso ainda não era tão claro para mim, eu me sentia um pouco perdida em relação a isso.

Sempre tive questionamentos e li muito sobre as emoções, mas foi durante a pandemia que eu realmente comecei a trilhar um outro caminho. Desde então, sigo me aprimorando e absorvendo os conceitos e aprendizados integrativos. Hoje, estudando mais profundamente essa área, consigo me conectar com a essência e encontrei a peça do quebra-cabeça que faltava para melhorar as minhas percepções.

Em posse desse conhecimento e da bagagem adquirida, permito-me dissertar e esclarecer os princípios que norteiam a afirmação de que a grande maioria das pessoas administra os seus sintomas sem buscar o enfrentamento e a solução efetiva para as suas perturbações e contrariedades. Certa vez, li que: "É da natureza humana, se a dor é muito grande, tendemos a evitá-la" (autor desconhecido). Muitas pessoas acreditam que os seus infortúnios podem ser ou são obras do destino ou até mesmo herança genética. Percebem que algo está errado, mas atribuem isso a diversas causas como hereditariedade, karma ou destino mesmo. Apenas se acostumam a viver com o sintoma, reclamando constantemente, porém, sempre adiando a busca por uma solução definitiva. O problema é que a dor é a maior criadora de zona de conforto, pois se você vai além da dor, vai poder encontrar infinitas possibilidades de aprendizado, mas nem sempre a pessoa está preparada para isso.

É preciso se libertar e deixar de ser refém de seus sintomas. É preciso superar o amedrontamento e deixar de administrar os seus sintomas ou então um dia eles falarão tão alto que você não será mais capaz de lidar com eles. O que mantém você no controle do sintoma é não compreender precisamente o que ele está querendo lhe mostrar, através dos obstáculos impostos ao seu corpo.

De acordo com o criador das Leis Biológicas, Dr. Ryke Hamer,[1] "toda enfermidade é uma solução para um conflito emocional inconsciente, não resolvido, então descobrir, compreender e tornar consciente detém a doença até a sua total remissão". Quando comecei a me aprofundar nesses estudos, fiquei impactada. Como toda essa informação já existia e não estava sendo utilizada de forma comum nos dias de hoje?

A Biologia explica muito claramente que as reações do corpo sempre procuram demonstrar que ele está tentando ajudar a solucionar algum distúrbio, originário exclusivamente de um elemento emocional. Nossos sintomas são apenas um guia que nos leva à causa raiz, só é necessário um olhar mais profundo para reconhecê-la.

Nosso corpo é sábio, ele registra todos os eventos e nunca se esquece. Cada conflito vivenciado é registrado no nosso gene (molécula que transmite o código genético). Por esse motivo, hoje podemos estar apenas refletindo algo que a nossa família transgeracional viveu, por exemplo. O corpo nos dá sinais o tempo todo, só precisamos saber entender, afinal ele só reconhece aquilo que ele já viveu. É incrível como o ser humano é capaz de transformar sua própria biologia através do que pensa, sente e vive. Nossas células estão sempre processando todas as nossas experiências e as guardando de acordo com o que pensamos ou vivemos. Gosto muito de uma frase do filósofo Séneca que diz: "É parte da cura o desejo de ser curado".[2] Tudo está no nosso corpo: olhe para ele, observe, compreenda, averigue e ele irá contar tudo. Não podemos nos negligenciar e viver como se estivéssemos no modo piloto automático, porque no fim de tudo é o nosso corpo que pagará a conta e o preço poderá ser muito alto.

As pessoas precisam de conhecimento e informação. Carecem desbravar novos caminhos para romper certas crenças limitantes. A resolução para os nossos sintomas não acontece de fora para dentro, e sim ao contrário. Habitualmente, as pessoas são convidadas a pensar no sintoma como algo certo que vai acontecer, como uma pessoa que acredita ou tem uma crença limitante que quando chegar o inverno ou que se ela beber algo gelado irá ficar doente. A partir do momento em que a pessoa acredita nisso, o simples fato de ter essa crença já instalada faz com que ela se sintonize com o medo de ser contaminada por algo. É claro que as vulnerabilidades existem, mas é necessária uma predisposição para desencadear o sintoma. O que, de acordo com as Leis Biológicas, chamamos de conflitos. São situações assim que fazem com que você não abra mão do que está sentindo ou pode sentir.

Outro dia estava na porta da escola da minha filha quando ouvi duas mães conversando. Elas reclamavam das constantes viroses que acometiam os seus filhos, e uma delas chegou a dizer que o filho era tão fraco que não podia ao menos entrar numa piscina de bolinhas sem que "pegasse" algum vírus. Naquele momento eu refleti sobre o que havia acabado de ouvir e cheguei à conclusão de que é muito difícil mudar as crenças e a forma de entender das pessoas sobre as doenças. Já estudei bastante sobre o desenvolvimento infantil e aprendi que muito do que acontece com a criança, fala mais sobre o que a mãe está vivendo ou viveu do que sobre a própria criança.

Hoje, como mãe, procuro aprender diariamente com os sintomas que minha filha apresenta. Claro que eu, no papel de mãe, preciso lidar com as minhas impotências também, o que não é tão fácil, mas saber que o corpo está se regulando na presença de um sintoma é uma constante evolução e aprendizado.

Mas é necessário deixar claro que o entendimento de tudo isso depende do repertório de vida de cada pessoa, os conflitos vivenciados, a maneira como foram criados e as dificuldades que passaram durante suas vidas. Essas particularidades fazem cada um de nós reagir de uma maneira diferente frente a alguns sintomas. O que você vive é o que o predispõe ao sintoma ou a doença, pois não é o que se vive, mas como se vive.

Pessoas com doenças psicossomáticas, que são as que somatizam, sentem muitas dores, sejam físicas ou em nível psicológico. Em algum momento, podem deixar de sentir as dores, por terem se medicado ou por terem se afastado do conflito causador. Durante um período, essa pessoa pode até se sentir bem, mas o corpo dela não esquece o que foi vivenciado e em algum momento aquela memória pode vir à tona e, consequentemente, teremos o retorno das dores. O apego às doenças é muitas vezes uma forma de resistência, é não permitir que as coisas fluam. Então, lembre-se de que o sintoma é o nosso corpo pedindo por mudanças.

Hoje, através de duas técnicas integrativas, a Microfisioterapia e as Leis Biológicas, ajudo os meus pacientes a ressignificarem e identificarem a raiz dos seus sintomas. Com a Microfisioterapia é possível acessar as informações via corpo, com a terapia manual de toque sutil, onde, através de pontos específicos no corpo, é possível identificar as memórias e os traumas vividos que não foram bem processados, deixando ali um registro que pode influenciar no bom funcionamento do organismo. Por fim, essas memórias são identificadas e corrigidas através da técnica de autorregulação do corpo. Já através das Leis Biológicas, uma prática de terapia informacional integrativa que analisa os traumas e as dificuldades por trás dos sintomas que as pessoas manifestam, é possível ajudar o paciente a ter uma nova percepção diante do seu conflito.

Se entendermos que o nosso corpo, que é nosso templo, está desenvolvendo o melhor trabalho por nós, o processo de ressignificar se torna muito mais leve. Se você não se permite sentir ou mesmo agir sobre o que se sente na busca de compreender as suas dificuldades, pode fazer com que isso perdure, como sintomas em seu corpo por toda uma vida.

Pense agora: o que está faltando para que você olhe para dentro? Se você sente que está adiando alguma decisão ou evitando algum confronto com o seu eu interior, convido você a sair dessa inércia e se desprender. Durante o processo de ressignificação dos nossos conflitos, é quando realmente perdemos o controle do sintoma, pois ressignificar é transformar algo que feriu você em algo que lhe fortalece. É a fórmula para a resolução de todas as indisposições e padecimentos.

Referências bibliográficas

1 HAMER, R. G. *La génesis del cáncer. Busqué al cáncer en la célula y lo encontré en un error de codificación del cerebro*. [*s.l.*]: ASAC Asociación Stop al Cáncer 29, 1991.

2 SÊNECA. *Sobre a brevidade da vida*. São Paulo: Edipro, 2020.

"Libertar-se não é fugir ou escapar de algo que lhe fere ou apavora, é se prender às amarras e dissolver os seus nós."

Carolina Lago

Carolina Vieira

Sou Carolina Vieira, filha do Eli e da Rosana, irmã da Daniela e a mãe da Manuela. Tenho uma grande missão no mundo como terapeuta especializada em Leis Biológicas: utilizar minha comunicação, minha vida, minha história, meus conhecimentos e meu trabalho para transformar vidas. Acredito e vivo isso todos os dias, alicerçado em meus principais valores, que são: honestidade, confiança e excelência. E essa transformação é possível para todos.

Para estar conectado a mim e saber mais sobre a minha consulta, meus tratamentos e cursos, esses são meus contatos:

carolinavieira.1

linktr.ee/carolina.vieira.1

carolcomunicacao1@gmail.com

NÃO SEJA REFÉM DOS SEUS SINTOMAS

VOLTANDO AO MEU LUGAR

TRANSIÇÃO DE CARREIRA E AS LEIS BIOLÓGICAS

6

Por Carolina Vieira

Bem-vindo a uma parte da minha história! Desejo que ela ajude você a ter uma nova perspectiva em relação a sua vida profissional.

Meu nome é Carolina Vieira e hoje sou terapeuta especializada em Leis Biológicas. Mas nem sempre essa foi a minha profissão. Minha primeira formação foi em Comunicação Social, habilitada em Rádio e TV. Entrei na universidade em 2002 e, para a época, minha escolha era algo bem diferente do meu convívio social e dos jovens da minha idade, que optavam por cursos mais tradicionais.

Logo, minha escolha gerava dúvidas sobre como eu realmente iria trabalhar e ter "sucesso na carreira". Algumas pessoas me perguntavam se eu seria atriz, dançarina ou até se eu iria consertar aparelhos de rádio. O que eu queria era usar minha comunicação; já havia feito um curso para locução em rádio, onde nasceu minha opção por Rádio e TV. E esse caminho foi tomando forma.

No final do segundo ano da faculdade, consegui um estágio em uma emissora de rádio da minha cidade, que durou apenas três meses, pois, após um processo seletivo minucioso, fui aprovada para um estágio em umas das maiores emissoras do país, o SBT. Aceitei imediatamente, entrei para iniciar um projeto novo de um programa, estagiei por dois anos e, quando me formei, fui contratada. Dentro da emissora, transitei como produtora em diversos programas, até me tornar assistente do maior comunicador do país para mim, Silvio Santos.

Decidi ter experiências em outras emissoras, passei por grandes produtoras internacionais com sede no país, produzindo programas e shows. Eu amava meu trabalho, era feliz e realizada naquele momento. A menina de Rádio e TV tinha dado certo. Mas a vida é especialista transformar histórias e a minha mudou completamente quando engravidei da minha filha Manuela, em 2014. A partir desse momento, a grande transformação aconteceu sem que eu me desse conta de onde isso me levaria.

Eu morava a 2 horas de carro de qualquer emissora que já trabalhei. Normalmente, trabalhava mais de 12 horas por dia e não tinha condições de manter a mesma intensidade profissional diariamente enquanto gestava minha filha. Essa era a minha desculpa consciente para minha alma fazer a transição. Foi então que decidi parar de trabalhar com produção de programas de TV, após dez anos de experiência. Hoje, eu entendo aquela decisão, que foi muito mais instintiva do que você pode imaginar.

Grávida, sem trabalhar e sem dinheiro. Quando minha filha Manuela nasceu, dediquei todo meu tempo a ela como mãe. Tinha a ajuda dos meus pais, que faziam o possível por mim e moravam em outra cidade. Pouco antes dela fazer dois anos, eu me separei do pai dela. Eu vivia um caos. Estava falida em três aspectos: financeiro, profissional e afetivo. E com a mente e o corpo totalmente afetados. Eu não sabia, **ainda**, a transformação que a Manuela me traria. Mas eu tinha minha filha, e isso me moveu para fazer algo com a minha vida. Eu precisava entender o que tinha acontecido comigo. Em total desespero e sem entender o que tinha se tornado a minha vida a partir da chegada da minha filha, pedi ajuda a meus pais e voltei a estudar.

Foi quando entrei na faculdade de Nutrição. Fazia curso de Psicanálise, de Terapia Cognitivo Comportamental, todas as formações que podia e achava importante para ter uma nova profissão, dentro do que eu acreditava. Mas algo não se encaixava, faltava alguma coisa, pois eu tentava associar a mente e o corpo de todas as formas e não conseguia. Esse era meu objetivo, encontrar o sincronismo entre a mente e o corpo. Virava a noite estudando, pois era a hora que minha filha dormia, madrugadas buscando entendimento e soluções para sair daquele lugar caótico que me encontrava. Ilusoriamente, querendo "apenas" uma nova profissão, mas, na verdade, encontrando todas as respostas.

Quando você **decide** algo na vida, o universo se encarrega do resto, e comigo foi exatamente dessa forma. Encontrei o @rafael.livramento. terapias em uma *live* abordando o tema: lateralidade cerebral. Eu nunca tinha ouvido falar daquilo em nenhuma das minhas formações e estudos. E eu estudava muito. No dia seguinte, entrei em contato com ele para entender o que ele fazia e com o que trabalhava. E com toda generosidade, ele me explicou que trabalhava com as Leis Biológicas e que ele tinha uma formação específica para isso.

Imediatamente, eu **decidi** entrar no Noções da Existência, o curso que forma terapeutas profissionais em Leis Biológicas. Foi quando ouvi a frase que Rafael me disse e nunca esquecerei: "Bem-vinda à sua transformação". Eu encontrei o que eu realmente buscava, a sincronicidade perfeita que tanto acreditei que existia, e existe: o Invariante Biológico, criado pelo Doutor Ryke Geerd Hamer, que significa a relação entre a percepção no momento traumático, que atinge uma área cerebral relacionada diretamente com um órgão específico.

Na metade da formação, o Rafael autorizou e eu comecei a atender com as Leis Biológicas, como um estágio, para ganhar experiência. E assim iniciei minha nova carreira. Sempre com muita dedicação e respeito a todo o conhecimento extremamente poderoso que eu estava adquirindo.

Eu me formei e "deixei de lado, mas não ignorado" todas as minhas outras formações para seguir somente com as Leis Biológicas nos atendimentos. Comecei a oferecer atendimento para todos por onde eu passava. Meu assunto era esse, e as pessoas começaram a me procurar e indicar para outras, pois eu sempre obtive resultados excelentes com meus pacientes. Afinal, a ferramenta informacional sendo utilizada com respeito e da forma correta é extremamente efetiva.

Entrei em todos os programas do Rafael Livramento: a Comunidade Noções da Existência, a Escola de Terapeutas, as Mentorias e o Master em Leis Biológicas. Fiz formações presenciais específicas com os outros profissionais da área, como a Formação Avançada em Traumas e Psicoses, com Michael Loidl, um paciente e aprendiz do Doutor Hamer, que apresenta sua mensagem, sua trajetória de cura e novas informações sobre as Leis Biológicas; e a formação da *Grade de lealdade familiar — O transgeracional aplicado às Leis Biológicas*, com Josie Kromer, que também teve suas experiências diretamente com Doutor Hamer.

Frequentava os cursos presencialmente e estudava todos os dias, aliás, ainda estudo todos os dias. Eu entendi o mecanismo, investir nas Leis Biológicas, na minha nova especialidade, na minha nova carreira era o melhor que eu fazia por mim e por todas as pessoas que se consultavam comigo, e isso eu faria sempre, pois encontrei nas Leis Biológicas todas as respostas que sempre busquei, sobre minha história e sobre a vida.

Foi participando das mentorias, de ambientes apropriados para meu desenvolvimento, tornando-me cada vez mais uma profissional especializada que criei os meus cursos e tratamentos em grupo. Meu primeiro curso batizei de Tratamento Intensivo em Leis Biológicas; logo após, veio o Treinamento Intensivo, as minhas mentorias em grupo e individuais e meu tratamento mais profundo, a tríade, no qual trabalho os três principais pilares da vida de uma pessoa: o profissional, o financeiro e o afetivo, não por acaso, os aspectos que foram completamente transformados em mim e me gabaritaram para ajudar a todos que chegam e decidem se transformarem também.

O que eu quero realmente que você carregue dentro de você é que se uma pessoa consegue algo, todos podem conseguir. Que as **decisões** que eu tomei, os passos que eu dei e o preço emocional que eu paguei me trouxeram até aqui hoje. Estar em ambientes apropriados foi o grande salto que eu precisava para enxergar minhas capacidades e manifestar no mundo minha nova carreira, meus cursos e tratamentos, que me fizeram alavancar em minha vida profissional. E não estou falando de dinheiro, e sim da coragem de tomar a decisão, o custo emocional, o tempo dedicado, o que você abre mão e quem você deixa de ser para se tornar quem quer ser.

O lugar que você está hoje não é seu destino final, mas, se você fizer escolhas, elas levarão você para onde deseja tanto chegar. Na sua escolha, na sua **decisão**, seu destino é traçado.

Tudo que eu passei, todo esse caminho, a minha transformação e a minha história fazem com que, hoje, eu ajude pessoas a se transformarem com a minha **comunicação**, o que sempre almejei desde o início. Aquela mulher desesperada, com uma criança pequena, sem direção, perdida, desestabilizada na vida profissional, financeira e afetiva, é só uma parte da minha história que transmutou a dor em motor e, hoje, se sente realizada como terapeuta especializada em Leis Biológicas e tem excelentes resultados com todos que chegam até mim para se transformarem a partir da minha transformação.

Minha eterna gratidão a Deus, a mim mesma, à minha filha Manuela, que é meu amor, aos meus pais e família e ao Rafael Livramento.

Peço uma gentileza a você, prezado leitor, que pare por um momento e olhe para **sua vida**, avalie se os aspectos profissional, financeiro e afetivo estão coerentes com o que você realmente deseja viver. Se a resposta for não, recalcule a rota, repense sobre sua existência, afinal, só você pode tomar a decisão de mudar, e eu estou aqui para ajudar você a transformar completamente sua vida.

Eu passei pelo processo, eu conheço o caminho, eu reconheço suas dores e sou extremamente preparada para mudar completamente o rumo da sua história através do meu método, do meu atendimento individual, dos meus cursos e tratamentos.

Você pode, deve e merece ser realizado em todos os aspectos da sua vida. Espero você do lado de cá!

Com carinho,

Carolina Vieira

"Eu acredito que a maior força do mundo está dentro do ser humano que decide transformar sua vida."

Carolina Vieira

Daniela Alves Soares

Sou Daniela Alves Soares, 53 anos, fisioterapeuta, mãe de Júlia e Laísa, natural de São José dos Campos/SP, arqueira, mentora, coautora do livro *Tempo de se amar*.

Mestre em Fisiologia do Exercício, pós-graduada em Gestão de Pessoas, Neurociências, *Master Coach* Internacional. Atuo com a Microfisioterapia, Terapia Manual Evolutiva, Leitura Biológica e análise dos nomes pela energia das letras hebraicas.

Abri, em 2024, a Escola de Terapias/Treinamentos @byo.mind, com programas sobre Ansiedade sem Estresse, MovimentAÇÃO e MelhorPausa. As cinco Leis Biológicas fecham a tríade corpo-mente-emoções, sendo um recurso notável em transformação que me ajudou a entender e ressignificar meus sintomas físicos e, assim, poder ajudar você.

microfisioterapia.sjc

danielalvesoares@uol.com.br

DOR! SUA HISTÓRIA CONVERSA COM O SINTOMA

7

Por Daniela Alves Soares

As cinco Leis Biológicas descritas pela primeira vez na década de 80, pelo médico alemão Dr. Ryke Geer Hamer, nos convidam a olhar para nosso universo, nos conhecer, nos conectar com nossa história, pertencer e reconstruir o caminho. Elas nos mostram que o nosso sintoma é somente uma oportunidade de revisitarmos nossa vida e fazermos diferente; é a conscientização do nosso inconsciente.

O que vem antes de nos conhecermos, conectarmos e reconstruirmos? Temos uma necessidade inata de pertencimento, precisamos nos sentir seguros, acolhidos e verdadeiramente aceitos. Temos necessidade de valorização do outro. E nós? Onde nos colocamos? Qual o verdadeiro lugar que ocupamos? Como entender nosso sintoma? É a essa jornada que convido você a vivenciar na história de A., de 75 anos.

Em 2023, com uma segunda fratura no mesmo pé (esquerdo) em menos de um ano, na véspera de uma viagem de férias, A. pôde entender a relação das fraturas e o que estava vivendo com os desfechos das suas profundas desvalorizações. As frases sempre ditas: "Isso não é para mim"; "Ninguém liga para o que falo ou penso"; "Estou sempre em segundo plano", eram escancaradamente um pedido profundo e inconsciente: "Olhem, eu existo! Não sou um zero à esquerda, tenho valor!". Todas estas temáticas, ditas dentro do contexto trazido, ressaltam seus sintomas físicos. A. tinha histórico de osteopenia (diminuição da massa óssea) no quadril esquerdo (doía muito) e na coluna lombar. Em 2016, fraturou a 4ª ou 5ª costela em uma queda da própria altura, machucando também seu joelho esquerdo, já com artrose.

Professora aposentada, destra, gemelar, segunda filha de cinco nascidos vivos, um aborto, mãe de quatro vivos – sendo o primeiro parto fórceps, dois naturais e o último foi cesárea (teve hemorragia). Uma infância difícil na zona rural, com escassez de recursos, inclusive para alfabetização. Casou-se aos 20 anos e terminou seus estudos já com os dois primeiros filhos. Como sua história conversa com seus sintomas?

Para entendermos, vamos checar três parâmetros na 2ª lei, o Invariante Biológico: 1º) Nossa percepção de mundo, nosso filtro e, a partir dele, nosso cérebro; 2º) Toma algumas decisões, na grande maioria das vezes, de forma inconsciente, com o intuito de garantir nossa sobrevivência. Se não damos conta daquela situação, o corpo nos traz sintomas, impactando órgãos; 3º) Para olharmos para a questão em si. O problema é que não paramos para ouvir esses sinais, quem dirá interpretá-los! É aí que o empilhamento de conflitos, nossas dificuldades, ciclos repetitivos e enfermidades se instalam. É a nossa resposta biológica frente à nossa percepção. Lembre-se: o sintoma é uma oportunidade de reavaliar nossa trajetória até aqui.

O que A. tinha, até então, eram diagnósticos clínicos, uma farmácia particular em medicamentos e nenhuma resposta de como melhorar. Tinha uma única percepção até então sobre um prisma construído com base em suas próprias crenças e vivências, sem saber como ligar os pontos, ressignificar e melhorar. Simplesmente levava a queixa de dor para ser sanada. Quando fazemos o inverso, olhamos primeiro para a história, os conflitos principais são detectados, trabalhados e se alcança uma nova percepção. Cria-se um novo filtro e um ajuste que seu cérebro e o corpo trarão para uma nova realidade e a dor ameniza ou sana. O objetivo biológico primário continua ser "sobreviver", mas agora para um novo e diferente contexto, porque entendemos o que o sintoma quis expressar, quis sinalizar; aqui o diálogo ocorre e a melhora se estabelece.

Quando A. fala de suas queixas, está na verdade sinalizando suas impotências, desvalorizações e incapacidades em lidar com alguma situação. Esses sintomas osteo-músculo-articulares vividos por A. são vistos no tecido embrionário da mesoderme nova, representados na substância branca cerebral e são ativados por um choque traumático, uma lembrança inconsciente de um conflito programante, como um fracasso escolar, um divórcio, falecimento etc. Com A. associamos queixa, história, conflitos identificados com as estruturas implicadas na mesoderme, como o músculo, o tendão, a articulação envolvida e o movimento que ela executa.

Para entendermos o caso: a osteopenia lombar ("sou o pilar da família, sem mim tudo desmorona") e as fraturas revelavam uma profunda desvalorização vivida na impotência em escolher que direção seguir (pé) e de trazer para perto de si uma busca de afeição (costelas); conflito de oposição a algo ou alguém (quadril) e submissão, desmoronamento (joelho). Não separamos, no caso de A., os movimentos articulares da função que os músculos doloridos executam para entender a raiz dos seus sintomas.

a) Articulações: "Quero reprimir! As coisas não estão articuladas entre si!". São desvalorizações de si em relação ao gesto efetuado, um movimento de vida difícil: "Fiz um movimento que não deveria ter feito". O sentido biológico é tornar a articulação menos apta a realizar o movimento, por exemplo, de ajoelhar-se. São questões de antagonismo, e A. desenvolveu artrose só no joelho esquerdo, as temáticas estavam relacionadas ao ninho menor, a sua relação com sua mãe e/ou seus filhos (repare que as queixas são à esquerda). O joelho está ligado à temática de submeter-se a algo ou alguém; "se dói ajoelhar, é melhor não fazer o movimento" é essa a conversa, esse sinal que o corpo de A. estava dando: "Olhe para essa situação que está vivendo, se reposicione, não se dobre, não se curve mais". Já o quadril de A. vem falar da temática de se opor a algo ou alguém. O quadril freia ou empurra e A. estava resistindo a mudanças. Tomar uma decisão ou se impor a algo em sua história também relacionada ao ninho menor.

b) Músculos estriados esqueléticos: "Quero fazer a ação! Preciso empurrar isso para longe ou trazer para perto de mim!". Os músculos recobrem os ossos e as articulações e nos conferem a capacidade de movimento, de força e potência para nossas ações. Aqui são temáticas de medos concretos, chamados de medos frontais, que são situações a nossa frente, em que precisamos agir, estar em combate ou paralisar frente a essa ameaça. As temáticas aqui se traduzem em impotências, inação e ser incapaz de agir. Perde-se a força dos músculos envolvidos para efetuar o movimento. A. mencionava em sua história: "Estou cansada, esgotada", essas eram suas queixas perante fatos de sua vida. Uma frase me chamou atenção: "Passo o dia embrulhada", que estava fortemente associada a não conseguir se desvencilhar das próprias impotências. As dores e a fraqueza muscular contavam fatos e delatavam o que ela estava vivendo. A. queria afastar de si situações em conflito de oposição e não conseguia, estava sempre contrariada, resistente e as dores não melhoravam. O sentido biológico seria cessar o confronto frente ao conflito percebido como perigoso, o que causava dor e piora da condição. Qual é a vantagem em formar um músculo mais potente? Mais capaz de agir, de realizar o movimento? Lutar e se opor às situações vividas seria a resposta para A.

Você pode estar com dor agora, sentindo-se congelado e pode se perguntar: "Qual é o perigo em me movimentar ou qual é a vantagem em permanecer imóvel frente a uma dificuldade, uma decisão?". Às vezes, para sobreviver, uma ausência de movimento é a solução biológica encontrada, é como se vive as próprias situações e o nosso cérebro toma algumas ações para nos proteger baseado em nossas vivências anteriores. Existem muitas patologias musculares, mas o que quero que você entenda é que a construção de uma linha de raciocínio terapêutico para ajudá-lo é fundamental e que terapeutas treinados mapeiam e rastreiam as informações, e auxiliam a entrelaçar pontos na sua história, dando o entendimento, ajudando a ressignificar e realizar movimentos diferentes.

Como detetives e com uma ferramenta certeira, juntos, vamos colocando luz e ligando os pontos sobre o que você diz de si mesmo. Cada músculo envolvido dá especificidade à uma situação conflituosa e não nos esqueçamos, podemos ter vários empilhamentos de outros conflitos que se sobrepõem.

A melhora dos sintomas precisa ser ouvida, é particular e muito individual. Seu caso merece um olhar, uma escuta atenta, cuidadosa e direcionada. A. dizia ser incapaz de agir, contrariar as situações, vivia na inação, sua estrutura muscular dolorida exibia um **não** movimento, nesse caso, para se manter na sobrevivência diária, entende? Ou eu consigo combater ou não consigo o que vem até mim. Seus músculos doloridos contam histórias e alertam você de algo a ser olhado, visitado, relido. O problema aparentemente está ali, no inconsciente biológico, dando seu alerta para evitar que algo pior aconteça, e o conflito é interno, não externo. Os imprevistos, as dificuldades, as situações experienciadas fazem com que surja uma necessidade biológica – não psicológica – interna não atendida perante o estresse. Quem primeiro detecta é o cérebro inconsciente e o corpo, tendo que administrar as demandas impostas e, quando não atendidas, entende que a informação deve se expressar como uma doença. O terapeuta entra para ajudar o paciente a buscar, na sua história, o evento traumático ou programante, que surgiu em um determinado período em sua vida, podendo, inclusive, ser no transgeracional.

Fazemos de nossas experiências, dessas informações, o nosso suporte, por isso os músculos doem. A dor vem para mostrar que está resolvendo algo em sua história e, se não melhora, o corpo encontra um meio de manter aquele desconforto até você olhar para ele. Há pessoas que estão há décadas com dor, e era o caso de A. Hoje, sem dor, percebe e escuta as mensagens enviadas pelo seu corpo, as acolhe e se posiciona diferentemente. Conexão, pertencimento e ter o seu lugar representa o nosso desafio e, para recalcular a rota, o que vem antes? É o abrir de uma porta (buscar ajuda) para primeiro se conhecer (sua história), se conectar (entender o que está por trás das dores e dificuldades), pertencer (entender e tomar posse do seu lugar e de suas escolhas) e se reconstruir a partir de um novo caminho, ressignificando e dialogando com seus sintomas. "Em tempos de escuridão, o olho começa a enxergar."(Theodore Roethke)

Referência bibliográfica

ROETHKE, T. Disponível em: https://frasesinspiradoras.net/frases-de-autores/theodore-roethke-51200#google_vignette. Acesso em: 8 ago. 2024.

“A dor mostra que está resolvendo algo em sua história. O corpo encontra um meio de manter aquele desconforto até você olhar para ele.”

Daniela Alves Soares

Fabiane Marini

Sou fisioterapeuta de formação desde 2008, realizei pós-graduação em Acupuntura e Dermato Funcional. Desde 2017, atuo com Microfisioterapia e Leitura Biológica. Recentemente, criei uma mentoria em que ensino as técnicas que atendo e tenho um programa chamado Ansiosamente, em que ajudo pessoas a lidarem com os sintomas da ansiedade.

Também sou atleta amadora de *crossfit*, corrida e *bike*. Como vocês verão no decorrer do capítulo, o movimento sempre esteve presente na minha vida, e isso só veio mostrar as minhas fragilidades, superei grandes desafios e provei que um diagnóstico não me define, o autoconhecimento **sim**.

fabianemarini

+55 (54) 98141-3980

Fabiane Marini

fabimarini@yahoo.com.br

AÇÃO E NECESSIDADE 8

Por Fabiane Marini

Durante um período da minha vida, sofria constantemente de dores nas costas, câimbras nas pernas e tinha uma dificuldade enorme de sair da cama para começar o dia. Foi então que recebi o diagnóstico: hérnia de disco. A dor era insuportável. Pela medicina convencional, a única opção era cirúrgica, devido ao tamanho da lesão e da incapacidade que ela gerou no meu corpo. A cirurgia foi um sucesso, mas eu teria que seguir algumas orientações, uma delas e também a mais dolorosa, era que eu não poderia mais carregar meus filhos, sendo que naquele momento estavam com 9 meses e 3 anos.

Este período serviu para eu analisar várias coisas na minha vida, entre elas o rumo que minha profissão tinha tomado. Comecei a pesquisar no Google tratamentos diferentes e eficazes. Foi então que surgiu a Microfisioterapia. Eu me inscrevi no curso com apenas algumas vagas e poucas informações sobre a técnica.

Durante o curso, tive o primeiro contato com as Leis Biológicas e confesso que no início achei tudo muito estranho e não conseguia associar como a minha lesão da coluna tinha relação com as desvalorizações que eu vivenciava, por exemplo. Recebi as informações com muita desconfiança. Passadas algumas semanas do curso, estava praticamente sem dor e as câimbras haviam diminuído muito, mas o mais intrigante era que as palavras que eu tinha ouvido não me saiam da cabeça.

Acabei me inscrevendo no curso de Leitura Biológica. Minha cabeça fervilhava; ter contato com as cinco leis e entender como a doença evolui frente a um acontecimento realmente foi um divisor de águas na minha vida.

O seu sintoma, assim como os meus, do seu animal de estimação, do leão que está na floresta, expressam a percepção que você teve frente a um acontecimento específico ou a um empilhamento de percepções; calma que vou explicar. Eu também fiquei um pouco confusa. Temos que levar em conta certas particularidades quando analisamos os sintomas das pessoas, temos que levar em conta o gênero – sim, isso importa –, a lateralidade, se a pessoa é destra ou canhota de polaridade cerebral, quando iniciou, e ouvir atentamente o que ela tem a dizer sobre esse sintoma. Nós sempre falamos qual é a temática do nosso conflito.

Vamos começar entendendo o que é a coluna vertebral. Ela é o mastro, o nosso eixo, o que dá sustento ao nosso corpo, então todas as patologias que acometem a coluna têm uma temática central de estrutura, capacidade do que pode ou não pode. Temos que pensar também na energia do pai, pois no sentido biológico, o pai é o eixo sobre o qual nos apoiamos. Problemas de coluna podem estar ligados a pais que não conseguiram proteger a sua prole.

Abrindo um parêntese sobre a minha história, meu pai era caminhoneiro até mais ou menos meus 10 anos, então convivia muito pouco com ele. Não que ele não me protegesse, mas passei boa parte da minha infância longe da figura dele. Naquela época, eu, como criança, não entendia o porquê meu pai não estava perto, porque ele não estava em casa como acontecia com a grande maioria das outras crianças que eu convivia. Tem ainda a conotação de suporte, em que eu posso estar impotente ou de dar o suporte para alguém, ou não estar sentindo que eu tenho um suporte.

O conflito para essa estrutura expressa um sentimento de impotência, de incapacidade. Esse conflito sempre acompanha outros conflitos, pois envolve outras estruturas e corresponde à inibição da ação, em que minha capacidade é posta à prova e não sei se fiz a melhor escolha.

As dores ósseas estão sempre ligadas à fase pós-conflito. Esse tipo de dor sempre vai aparecer no momento em que já solucionamos o conflito que estávamos vivendo, pois na fase ativa do conflito não podemos sentir dor. Precisamos que este osso esteja forte para executar a ação que é necessária. Os conflitos que impactam ossos estão ligados a grandes desvalorizações de si e não podemos esquecer que o local acometido reflete uma desvalorização sentida.

No meu caso, o nível acometido pela hérnia foi L4-L5. O nível de L4 expressa uma desvalorização, em que nos sentimos fora das normas. Está relacionado também com as oposições e com as suprarrenais (estar perdido no meio do nada), em uma noção de direção de vida. Aqui também podemos encontrar pessoas que tiveram que assumir grandes responsabilidades cedo demais, suportar muitas coisas. De novo, fazendo uma analogia de uma situação da minha vida naquele momento, estava em oposição forte sobre o meu trabalho, onde era bem-sucedida financeiramente, mas estava infeliz. Isso pesava muito para mim.

O nível de L5 expressa uma desvalorização na sexualidade ou na genitalidade e também pode ser algum projeto que foi destruído. Podemos encontrar situações de abusos, agressões, dificuldades de procriação, medo do desempenho sexual. Naquele momento, estava me sentindo extremamente desvalorizada, pois estava com dois filhos e muito acima do meu peso.

Os discos intervertebrais têm a função de absorção do impacto, de amortecer o choque entre as estruturas ósseas, então as pessoas que desenvolvem hérnia de disco são pessoas que sempre tentam amortecer, que geralmente não expressam quem são ou sua insatisfação. São intermediadores vivendo na impotência e desvalorização – lembrando que aqui estou falando no âmago da palavra, por mais que as pessoas costumem expressar as coisas, algumas elas não falam, não expressam por medo. Enfatizando que se na nossa percepção não há medo, o conflito não se manifesta.

Na maioria dos casos, a dor lombar é o primeiro sintoma de uma hérnia de disco. Essa dor pode durar alguns dias e depois melhorar. Foi o que aconteceu comigo, mas na sequência fui apresentando dor no ciático. Essa é uma dor aguda, que se estendia da nádega até meu pé. Depois fui acometida por dormência e formigamento na região da canela e da panturrilha e, por fim, uma diminuição da força e do movimento dos meus dedos e pés.

Quando me refiro ao nervo ciático, estou me referindo à intenção da ação do movimento. Quando esse impulso está bloqueado por uma compressão de qualquer tipo, desencadeia uma forte dor. Esse nervo passa por diversos músculos, gerando uma alteração da sensibilidade, dor e incapacidade do movimento. Essa dor limita a pessoa a dar o passo, de executar o movimento.

Agora, vamos falar do músculo: ele é o motor, o que nos leva, a força motriz. Quando um movimento não está sendo executado de forma adequada, tenho uma frustração em relação ao movimento que aquele músculo executa. Vamos pensar na função das pernas: elas têm a função de ir e vir, de deslocamento, de nos levar até onde queremos, de direcionar para a direita ou para a esquerda.

Agora, pensaremos na função dos pés: ele dita a direção de vida em uma noção de deslocamento. No meu caso, a dor ia até o dedão; o dedão na caminhada é a última coisa que deixa o solo quando damos o passo, portanto, é ele que nos dá a direção a seguir, e a dor apareceu quando eu me senti impotente de dar o impulso de mudar de carreira.

Chegando na panturrilha, vamos pensar quando este músculo é ativado. Ele é solicitado quando queremos ficar na ponta dos pés, então toda vez que não nos sentimos à altura, ele vai estar impactado. Minhas panturrilhas eram frequentemente acometidas por câimbras, que me faziam acordar e sair da cama. As câimbras são contrações involuntárias e dolorosas, que revelam a frustração por não ter atividade física, esportiva e também pela incapacidade de "estar à altura".

Biologicamente, a perda da potência muscular tem por função fazer cessar o confronto frente a um conflito percebido como perigoso. Na natureza, o movimento é a vida, a ausência do movimento é a morte, e não se movimentar pode ser a salvação. Vamos pensar em um coelho que é atacado por uma serpente. Se ele ficar se debatendo, ela vai apertar ainda mais; se ele ficar completamente parado, ela pode largá-lo porque vai pensar que ele já está morto, aumentando assim a chance de fuga. Nosso corpo se comporta da mesma forma, pode ser a chance que temos de ganho de tempo. Analisando o meu caso, minha perna doía por inteiro e isso resume um pouco da frustração pela incapacidade de dar o passo, de seguir com a vida. Passava boa parte do dia deitada e nem todas as posições que eram confortáveis. Essa falta de movimento pode ser entendida pelo meu inconsciente como um ganho de tempo.

Em relação à dor no quadril, pensaremos no movimento que essa articulação realiza. No meu caso, era a impotência e desvalorização frente a oposições. Eu não estava conseguindo me opor ao rumo que minha vida estava seguindo.

Durante o curso, tive muita resistência, mas por incrível que pareça as coisas faziam sentido, era como eu me sentia no mais profundo do meu ser. Afinal, saber dessas informações acabaram com o meu sintoma.

Quando sabemos o que nos espera e entendemos que toda doença ou sintoma é um programa biológico do seu corpo para permitir um ganho de tempo, essa ferramenta leva você a encontrar a própria solução para o conflito e dá possibilidades para que você crie um novo projeto de vida, ensina a olhar para a doença ou para o sintoma de uma forma que traga um sentido. Esse sentido será diferente para cada caso, pois cada pessoa tem a sua percepção sobre o que está acontecendo.

Tem uma frase do Bruce Lipton que descreve perfeitamente isso que estou explanando: "Quando nós eliminamos as percepções negativas (uma crença, por exemplo) e a substituímos por uma outra percepção, mudamos a nossa resposta biológica".

A cura nada mais é do que o retorno ao estado de harmonia e equilíbrio. Estar infeliz, doente ou encontrar-se em uma situação desagradável não é normal, é apenas resultado da frequência que você está emitindo, das suas crenças, dos seus pensamentos. Basta ter clareza do que aconteceu, de como você reagiu e não se culpar por isso, mas sim aceitar que o que aconteceu era necessário para seu crescimento e evolução, a percepção do acontecido muda no seu consciente.

Referência bibliográfica

LIPTON, B. H. *Biologia da crença*. 19. ed. São Paulo: Butterfly, 2007.

“Mesmo dispondo
do livre-arbítrio,
não escapamos das
consequências do que
escolhemos dizer, fazer
ou acreditar.”

Fabiane Marini

Gabriela Cascão

Sou a Gabriela Cascão, nascida na pequena vila histórica de Paranapiacaba/SP, filha de Moacyr e Cinthia e irmã do Erich. Formada em Gestão de Pessoas, trabalhei em RH por dezesseis anos e sempre ouvi pessoas e seus problemas.

Mudei para o Paraná, aprendi muito sobre a vida, o que eu queria fazer, sobre quem sou e tive um despertar para a terapia. Decidi pela pós-graduação em Constelação Sistêmica e, na sequência, Leis Biológicas, com Rafael Livramento.

Convido você a olhar com carinho seu sistema familiar e seus sintomas físicos e emocionais com estas ferramentas. Posso guiá-lo na sua jornada de autoconhecimento e de visualização das suas dores internas, que podem ser ressignificadas com um novo olhar da sua própria história.

gabeeterapia

+55 (49) 92001-5344

Bee Terapia

NÃO SEJA REFÉM DOS SEUS SINTOMAS

VOLTANDO AO MEU LUGAR

INFERTILIDADE SOB A LENTE DAS LEIS BIOLÓGICAS

9

Por Gabriela Cascão

Há alguns anos, eu me peguei lendo um livro que me chamou a atenção por sua capa: um ninho de passarinho vazio. Não sei dizer como esse livro veio parar nas minhas mãos, eu não me lembro se eu o comprei, ganhei ou se o Universo o deixou na minha porta, mas a época foi muito propícia.

Foi algumas semanas após meu divórcio, em um casamento que foi intenso e bonito, porém sem filhos. Isso foi um conflito entre nós e onde começamos a nos distanciar. Por muito tempo eu não quis ter filhos e dava várias justificativas para isso: eu não teria força para um parto natural, meu coração é fraco (tenho bloqueio arterial no coração), criança tira a liberdade dos pais, o sexo vai acabar, e que eu não estava pronta. Mas ele queria muito ser pai e eu fui aos poucos me aproximando da ideia de ser mãe, até que um dia eu disse sim. Porém, depois de dois anos "tentando", eu desisti. E do casamento também, porque sabia que entre mim e ter um filho, a escolha não seria eu.

Acreditei que a narrativa do livro me ajudaria a aceitar que não ter filhos estava "ok", mas eu só tive mais curiosidade de entender o que tinha por trás dos conflitos em ser mãe, de muitas mulheres que, em tese, não tinham nenhuma patologia física para justificar. Foi quando fui para o mundo do sagrado feminino e comecei a falar com mulheres em uma página de Instagram, sobre cura do feminino e sexualidade.

Eu tinha uma amiga "tentante" e conversei muito com ela sobre a história dela e do marido. Era como se a cada dia as nossas conversas sobre o assunto desbloqueassem uma fase de um jogo, sabe? Certa vez, o marido dela veio até a mim. Ele relatou que ela estava mudada e que ele achava bom. Percebi que ele também havia mudado. Ambos estavam se expressando melhor e nossos colegas de trabalho também comentavam isso sobre eles. E adivinhem o que aconteceu? Eles tiveram um filho lindo e saudável. Isso acendeu um alerta na minha mente sobre os motivos que podem impedir uma gestação, seja porque existe uma causa física diagnosticada ou não.

Segundo as Leis Biológicas, a nossa mente atua de forma coerente e em conjunto com nosso corpo e psique, a fim de nos manter vivos. E apesar de nós, enquanto humanos, termos evoluído muito ao longo dos milhares de anos em que estamos na Terra, nosso cérebro ainda conserva informações arcaicas, a fim de garantir essa sobrevivência.

Mas, nem sempre, as informações que enviamos para nosso cérebro são coerentes com o que nós mesmos queremos para a nossa vida no momento. E estas informações nem sempre são "ditas" por nós. Nosso cérebro armazena informações de todo o nosso sistema familiar, da nossa vida intrauterina, dos nossos ancestrais e de todas as crenças que são passadas, muito além do que nós realmente falamos e acreditamos na vida.

Seria perfeito se nós apenas agíssemos segundo a nossa própria mente, mas sinto dizer que isso está longe de acontecer. Cada trauma que nossos ancestrais tiveram, cada sensação durante nossa gestação, cada palavra dita ao longo de nossa vida, pode, sim, desencadear milhares de sintomas diferentes em nosso corpo e fazer com que a nossa mente nos pregue peças, as quais nem sempre vamos nos sentir confortáveis em conviver.

A consequência de carregar tanta informação no nosso DNA é que podemos ter dificuldade em resolver esses problemas, sejam eles físicos ou emocionais. E, se posso dizer uma coisa pessoal, é muito difícil resolver sozinho.

Quando falamos em infertilidade, invariantemente precisamos olhar para o macro. Precisamos olhar para todo um sistema familiar atrás do paciente que vem tratar essa questão. É preciso olhar a relação entre seus pais ou pessoas que criaram este paciente, é preciso olhar para a história da infância e da adolescência, é preciso olhar as histórias que os avós contaram ou viveram e montar um quebra-cabeça para este paciente. Porque a chave dessa infertilidade há de ser encontrada observando esse conjunto. Tudo é questão de percepção!

O nosso cérebro não interpreta as coisas, mas nós sim. Ele sabe exatamente a função de cada órgão nosso e se algum órgão não funciona como deveria, de alguma forma, é uma mensagem do inconsciente para nós. Se a função dos nossos órgãos reprodutores é gerar uma nova vida e eles não geram por causa de um diagnóstico, perda de funcionamento ou ainda pelos chamados "motivos psicológicos", qual é a mensagem que não estamos recebendo?

Para o nosso cérebro, o **vital** é o que importa para nossa sobrevivência, então, é: respiração, reprodução e alimentação. Mas nossa mente consciente interpreta tudo o que acontece ao nosso redor e a nossa percepção é sentida por nós de forma mais profunda e inconsciente.

As histórias de partos difíceis na família, em que mãe ou filho corriam risco, podem afetar a fertilidade das gerações futuras, assim como: pais ausentes e que abandonaram o lar; abortos recorrentes; violência contra cônjuges ou filhos; mulheres que não tinham homens que as protegessem e protegessem seu "ninho"; grandes medos relacionados a gestar, amamentar, parir ou maternar; casos de crianças que morrem cedo; histórico de pais ou mães que se sentiam incapazes de educar seus filhos por sentimentos de inferioridade; e uma série de tantas percepções que influenciam pessoas que querem ter filhos e não conseguem. Sua história precisa ser observada. Quanto às doenças e aos transtornos que envolvem o sistema reprodutivo e impedem as gestações, os motivos delas são os mesmos: eles têm conexões com as histórias de cada um.

As percepções sentidas e internalizadas vão nos conduzir a caminhos da vida que nem sempre gostamos de trilhar, mas, por não sabermos disso, seguimos tentando encontrar soluções mais conhecidas. Como dizer que uma mulher sentir cólicas menstruais "é normal"; mas como você me explica o fato de que nem todas as mulheres as sentem? E não, não é normal, pois as cólicas são manifestações físicas de percepções de traumas ligados à reprodução. Você sabia disso? Cada sintoma de uma mulher em período menstrual ou menopausa são reflexos de como o seu clã familiar viveu histórias de reprodução e até mesmo reflexo da própria infância e adolescência, a depender de como foram suas experiências, porque se faz você sentir, faz todo sentido.

Eu mesma não sofri de cólicas ao longo da minha vida. Apenas uma vez tive tanta dor de cólica que nem consegui responder ao meu pai o que se passava comigo, eu mal conseguia respirar. Foi uma questão de alguns minutos de dor, passou e nunca mais aconteceu algo assim novamente. Mas vasculhando a minha memória enquanto estudava as Leis Biológicas, fui recordar o que estava acontecendo naquela época da minha vida: foi no meu ciclo menstrual após ter perdido a virgindade. Meu cérebro acendeu um alerta gritando: "Agora ela vai poder gestar?".

Pegando esse gancho, vamos analisar a situação em que uma mulher escuta de seu obstetra: "A senhora não tem passagem para parto normal". Eu me perguntaria se, de acordo com a anatomia do corpo de uma mulher grávida, não deveria este mesmo corpo se moldar de tal forma que fosse possível parir de forma natural? Na natureza não existe cesariana, então uma mulher não ter "passagem" para uma criança nascer, não faz sentido. Mas, se analisarmos a mãe desta mesma mulher, encontramos partos difíceis e perdas de bebês prematuros, encontramos maridos que não protegiam a casa e seus filhos, encontramos abusos e relações sexuais impostas por obrigações em dar um herdeiro à família etc. Cada caso é um caso específico e cada pessoa dentro da mesma família terá uma percepção diferente.

Então, isso não será igual para todos que tiveram cenários semelhantes. Nem irmão criados pelos mesmos pais, na mesma casa, sob as mesmas condições terão a mesma percepção do ambiente, da criação e até mesmo dos pais. Para cada filho existe um pai diferente e uma mãe diferente, mesmo que seja a mesma pessoa. E indo mais além, pegarei o exemplo da mãe para dizer que para cada filho deveria, na mesma pessoa, existir uma mãe, uma mulher, uma esposa e uma filha. Esses são papéis diferentes que compõe a mesma mulher e um filho geralmente só enxerga a mãe.

Mudar a percepção sobre esse contexto é um caminho para que o corpo e a mente processem as mudanças necessárias para transformar o padrão de dor em uma nova possibilidade. Eu posso dizer, por experiência própria, que depois que entendi qual é a função biológica de pai e mãe, acendeu uma luz na minha mente, do porquê eu não engravidei, inclusive. Essa função vai muito além do que a sociedade em que vivemos "determina", pois é muito mais arcaico e instintivo. A função de ambos é dar a vida, e nisso não cabe nenhuma obrigação futura de retribuição dos filhos. Já a função biológica da mãe é gestar, nutrir, cuidar, zelar pela vida e sobrevivência de uma criança, enquanto a função biológica do pai é proteger o ninho (ou seja, a mãe e a cria) dos perigos externos, é dar direcionamento, é dar suporte e prover alimento. Percebe que na natureza são muito bem determinadas essas diferenças? O ser humano complica o simples.

Eu não quero aqui, neste livro, entrar em muitos termos técnicos, dar fórmulas mágicas para resolver conflitos e deixar de ter sintomas, mas quero dizer que você pode escolher não ser refém dos seus sintomas. Eu vi dar certo com pessoas próximas e convido você a experimentar uma nova realidade. Ter um novo olhar de aprendizado para sua própria história. Proponho a você fazer o exercício de listar lembranças de infância, de como seus avós/pais se relacionavam entre si e com você, dos seus relacionamentos amorosos, e encontrar padrões e repetições. Isso já vai abrir uma janela.

Se você quiser olhar para isso tudo, pode me procurar. Entre em contato e embarque nessa jornada de se libertar de amarras que impedem você de ser plenamente feliz e realizado. Saia da inércia e tenha coragem de ser vulnerável, e, com isso, dar um salto para ter mais força.

Lembre-se: se faz você sentir, faz todo sentido.

“Se faz você sentir, faz todo o sentido.”

Gabriela Cascão

IELA SABACK
PIA E SAÚDE INTEGRAL

Gabriela Darbra Saback

Sabe aquelas pessoas que amam seu nome? Essa sou eu. Gabriela, nascida e criada em Salvador/BA, baiana nata, assim como sagitariana, com alma de sol e mar, onde me conecto e reconecto com a minha individualidade semanalmente. Filha, irmã, amiga, esposa, mãe e terapeuta. Vou me dividindo bem entre os meus diversos papéis.

Apaixonada pelo ser humano desde muito cedo, entrei no meu processo de autoconhecimento ainda na adolescência. Formada em Fisioterapia há quatorze anos, especializada em Microfisoterapia e Leis Biológicas e pós-graduada em Psicoterapia e Medicina Funcional Integrativa. Somando mais de quatro mil horas de atendimentos, em que olho meu paciente como um todo, e não como parte.

Tenho como lema de vida: o meu propósito é ajudar você no seu caminho.

dra.gabrielasaback

A RAIZ DOS SEUS SINTOMAS GÁSTRICOS 10

Por Gabriela Darbra Saback

Eu vou começar com uma frase de Carl Jung: "Quem olha para fora, sonha: quem olha para dentro, desperta". E assim foi o processo de Joana (nome fictício) a partir do dia que ela chegou ao meu consultório, em busca de um tratamento para o seu RGE (refluxo gastroesofágico). Já desacreditada em encontrar um tratamento eficaz, com idas e vindas em diversos médicos. Ela chegou em busca da Microfisioterapia e na terapia em Leis Biológicas.

Joana relata que os episódios iniciaram muito cedo, ainda na adolescência, em épocas de prova na escola, até que se tornaram insuportáveis na vida adulta, em um momento muito importante da sua vida, que inclusive estava muito feliz. Momento em que se casou e estava pronta para seguir a sua vida. Tosse seca, muitas vezes, até regurgitar. Na Medicina tradicional, era medicada, mas, na realidade, só estava remediando os sintomas.

O sintoma vem do emocional, porém não podemos negar que ele está também no físico e o paciente sofre até entender a sua causa. Uma luta diária do seu corpo tentando comunicar algo que ela não conseguia, naquele momento, compreender.

O refluxo pode estar ligado a questões indigestas, em que alguma situação foi encarada como difícil de digerir. O corpo demonstra isso através desse movimento do suco gástrico ficar voltando. Sempre pensando no equilíbrio para o corpo, ele manda mais suco gástrico para conseguir digerir o alimento. Mas, na verdade, é uma emoção, uma situação. E o nosso cérebro não difere o que é real do que é simbólico, uma comida de uma emoção. E como é a emoção a situação que precisa ser digerida, esse suco acaba por machucar a mucosa e causa os sintomas físicos.

No caso de Joana, essa história começou ainda na gravidez da sua mãe, na sua vida intrauterina, quando um programa foi instalado. Sua mãe era amante do seu pai, e, naquele momento, ela "engolia" muitas coisas que não gostava, incluindo o lugar que ocupava, que, para ela, não era o que desejava. Só que ela fingia que estava tudo bem, e isso não muda em nada o que o seu cérebro interpreta e os danos que as situações podem gerar para o corpo.

Não se permitir sentir ou ter uma ação sobre o que incomoda você não faz com que as situações sumam da sua vida. Na verdade, uma situação emoção recalcada não morre. O que vai morrendo aos poucos é a pessoa que a carrega. O que a mãe de Joana fez foi silenciar, recalcar e ficou só a ruminar: "Isso eu não posso reivindicar, isso eu já sabia, agora eu tenho que aceitar". Lembre-se de que Joana estava no ambiente intrauterino, e o bebê se nutre de absolutamente tudo da sua mãe, em uma conexão profunda que ultrapassa o cordão umbilical. Através desse ambiente uterino, as emoções indigestas e os conflitos vivenciados são passados em nível transgeracional para a vida da filha que ali está.

Você pode estar a pensar: "Os eventos foram vivenciados pela mãe de Joana". Sim, caro leitor, você está certo. Acontece que, aos 3 anos, Joana passa por situações em sua vida tão indigestas quanto essa. Quando ela me traz tão vivamente em sua memória o seu aniversário de 3 anos, onde tudo foi muito lindo, mas ela não tinha o lugar de filha que desejava. Aqui entramos no conflito de território por um lugar exatamente igual ao de sua mãe, quando ela ainda estava no seu ventre. O trauma vivido volta como uma reação, no caso, o sintoma. Ele não volta como uma memória. Podemos dizer que, nesse momento, ela gatilha aquele programa que já estava pré-instalado no seu sistema.

O que me chamou muita atenção na sua história, foram os ciclos de 3, que é justificado pelas nossas memórias celulares. Três meses de gestação, três meses de vida, 3 anos, e assim sucessivamente. Eventos importantes foram acontecendo na sua vida (negativos e positivos).

No auge dos seus 21 anos, ela se casa e então tem a ideia de que agora vai seguir a sua vida. Por vias do destino, por uma obra que não terminou, ela precisa voltar para a casa dos pais. Voltar naquele momento a fez gatilhar todas indigestões e novamente o seu conflito de lugar. Não é mais o lugar que ela quer ocupar e isso vem como uma contrariedade indigesta novamente relacionada ao seu território.

O corpo traz o sintoma para que o indivíduo tome consciência do que não está legal e precisa ser modificado. Cabe a cada um de nós entendermos essa conversa profunda do corpo através dos sintomas e trazer para a nossa mente consciente. Exatamente o que precisamos para resolver as nossas questões diante do clã em que estamos inseridos. Então, às vezes, aquela ideia de que é melhor esquecer alguma situação, não irá funcionar para o nosso corpo. Ele irá encontrar uma forma de lembrar a você, mesmo em nível inconsciente, das pendências a resolver. Onde está o nosso desafio, está o aprendizado. Se você não olha para ele, você vai recalcar e isso virá cada vez mais forte. Ao contrário de quando encaramos, aí temos a chance de integrar cada pedacinho que ainda não foi reconhecido por nós.

No sentido biológico do conflito do RGE (refluxo gastroesofágico), o órgão que ocasiona o refluxo é a mucosa superficial do estômago. Estamos no tecido embriológico da ectoderme, aqui pensamos no conflito de território, onde pode estar a raiva por disputas de território, lugar, espaço. Conflitos de fronteira. Sermos forçados a nos subordinar ou ceder. Na fase ativa de conflito, temos o aumento da sensibilidade da mucosa do estômago, causando azia, enjoos matinais, refluxo, vômitos. Quanto maior a duração do conflito, maior serão os distúrbios teciduais. Quando nos sentimos constantemente irritados, o sistema gástrico contra-ataca com o refluxo gástrico. Como aumenta a sensibilidade do órgão, é mais fácil perceber o que se consegue e o que não se consegue digerir.

Frases como: "Isso ficou no meu estômago", "Fiquei remoendo essa situação", "Fiquei entalado", "Eu devo engolir algo que eu quero cuspir",

"Eu devo engolir algo contra a minha vontade", são comuns de serem escutadas pelo paciente que apresenta esse sintoma. No caso da mãe de Joana, ela tinha um conflito territorial por medo do lugar em que ocupava. De perder esse lugar ou de não tolerar esse lugar. Joana revive em vários momentos da sua vida a temática do conflito de lugar. O nosso cérebro só reconhece aquilo que ele já conheceu em algum momento, mesmo que a nível inconsciente.

Com a Joana foi trabalhado desde quando esses sintomas a perturbavam, em quais momentos eram mais gatilhados, e esse tema em gerações anteriores. O que eu carrego comigo e se torna indigesto para mim? Descobrir as raízes dos conflitos é a grande virada de chave das Leis Biológicas. A história não muda, o que muda é a percepção que, enquanto indivíduo, terei sobre a história vivida, entendendo que não existem culpados, mas que existem pessoas que fizeram o que era possível naquele momento, com as experiências e a consciência que tinham.

Suas escolhas são os seus sintomas. Escolha, hoje, fazer diferente por você e se liberte do que já não é seu. O dia é hoje e a hora é agora. A partir do olhar que as Leis Biológicas nos trazem, conseguimos entender que não começou com você, mas você pode ser a pessoa a cortar esse cordão. Tudo é informação e para toda e qualquer informação temos um entendimento. O que precisamos é justamente entender o que esse caminho da raiz do seu sintoma propõe, que é mudar o seu olhar e ressignificar o que se passou. Tudo que foi vivenciado por você e pelos seus ancestrais não mudará, o que mudará é a forma como você, indivíduo único, irá enxergar. Um novo olhar, trazendo consigo um novo caminhar. O caminho do autoconhecimento é libertador. A partir do momento em que identificamos o que nos faz mal, temos a chance e a oportunidade de fazer novas escolhas e mudar toda escrita do nosso livro que se chama vida.

A sessão de Joana foi basicamente aprender a colocar para fora situações indigestas, ocupar o lugar que se deseja e principalmente entender que o sintoma não define você, mas ajuda a clarear o que, por muitas vezes, estava no escuro, e mudar o caminho. E aceitar e integrar a sua ancestralidade com honra, respeito e entendendo que cada um dá o que tem e o que pode.

Através do meu trabalho, ajudo as pessoas a mudar totalmente os seus caminhos. Essa mudança começou em mim lá atrás. A partir daí também pude tocar vidas. Funcionou comigo, com a Joana e com outras pessoas. E com certeza também irá funcionar com você.

"A mente que se abre a uma nova ideia jamais voltará ao seu tamanho original." (Albert Einsten)

Referências bibliográficas

JUNG, C. G. *Letters, volume 1: 1906 - 1950*. New York: Routledge/Taylor & Francis Group, 2015. p. 33.

EYBL, B. *As causas emocionais das doenças – segundo as 5 leis biológicas descobertas pelo Dr. Ryke Geerd Hamer*. 9. ed. [*s.l.*]: [*s.d.*].

MCGAREY, G. *Uma vida bem vivida*. Rio de Janeiro: Rocco, 2023.

WOLYNN, M. *Não começou com você*. Rio de Janeiro: Alta Life, 2023.

FLÈCHE, C. *Decodificação biológica das doenças*: a enciclopédia de correlações sintoma-emoção. Paraná: Instituto e Editora Cintia Chiarelli, 2020.

“Suas escolhas são os seus sintomas. Escolha, hoje, fazer diferente por você e se liberte do que não é seu. O dia é hoje e a hora é agora.”

Gabriela Darbra Saback

Jéssica Kimura

Sou Jéssica Kimura, nascida em São Paulo/SP, aquariana, primeira filha e descendente de imigrantes japoneses.

Tenho formação em Farmácia-Bioquímica pela Universidade de São Paulo. Atuei na área acadêmica e em empresas farmacêuticas por mais de dez anos, período no qual superei grandes desafios e descobri meu potencial de autotransformação através do desenvolvimento humano e do autoconhecimento.

Encontrei nas terapias integrativas uma forma de encontrar minha identidade e, assim, realizei minha transição de carreira para trabalhar com o que realmente faz meus olhos brilharem.

Hoje, atuo como psicoterapeuta, ajudando pessoas a encontrarem seu lugar de força na vida e assumirem sua identidade com leveza e autonomia.

_jessicakimura

jessicakimura.terapeuta@gmail.com

AUTONOMIA: A LIBERDADE DE SER QUEM VOCÊ É

11

Por Jéssica Kimura

Desde criança, eu sonhava em trabalhar na área da saúde e curar as pessoas de doenças. Idealizava um mundo saudável e queria contribuir para a qualidade de vida das pessoas.

Foi justamente atuando na área da saúde que adoeci, em 2018. Fui diagnosticada com *burnout* e crises de pânico. Tentei buscar respostas psicológicas, espirituais e na Medicina tradicional. Sabia que algo estava desencaixado dentro de mim, eu questionava minha existência e não via mais sentido na vida. Nesse contexto, eu vivi um período de hiperestresse no trabalho, cobranças, metas e resultados, em uma profissão que eu não queria exercer. Aliada a isso, tive uma gestão abusiva e, dentro das minhas desvalorizações, entrei em um estado de impotência e congelamento.

Pela visão biológica, as crises de pânico representam a forma do corpo expressar um medo inconsciente perante a situação vivida, sendo interpretado pelo cérebro como um risco arcaico à sobrevivência. No meu caso, o cenário envolvido foi o trabalho, em que minha percepção era de não conseguir tomar as decisões e ações necessárias de mudança, resultando em uma resposta ineficaz de medo, solidão e impotência.

O hiperestresse ocorre pela ativação do sistema de luta e fuga do organismo (simpaticotonia), como um mecanismo de sobrevivência a um perigo vivido, sendo ele real ou virtual. A condição prolongada de hiperestresse leva ao *burnout*, em que o cérebro não consegue administrar o medo e encontrar uma solução coerente. Como mecanismo de defesa, há um esgotamento físico e mental que pode ser observado por sintomas, como o adinamismo, queda no apetite, redução do rendimento, falta de memória, fadiga parcial ou total – vontade de ficar deitado, perder a motivação de fazer o que antes era natural, podendo até ser confundido com a depressão, que envolve outros fatores a serem analisados – e congelamento de ações.

Nessa última fase, é comum encontrar a procrastinação, pois a ação e a decisão podem ser interpretadas pelo cérebro como um risco à sobrevivência. Além da impotência de não conseguir ter novas ações, as desvalorizações também estavam presentes na sensação de não me sentir capaz, achar que não era competente; trabalhava além do horário para entregar o trabalho e levava o ritmo *workaholic,* mesmo não estando satisfeita com o trabalho. Além de todos esses sintomas, havia a sensação de estar "perdida na vida", sem saber que rumo tomar, então, mesmo não sendo um ambiente saudável, nem estar satisfeita com a profissão, eu não conseguia ver outras possibilidades.

É nessa fase que se chega no limite, em um esgotamento, quando a maioria das pessoas busca ajuda profissional. Eu já passava por acompanhamento psicológico e, nesse período, aumentei a frequência. O psicólogo deu o diagnóstico de *burnout* e me encaminhou para o psiquiatra para entrar com medicação controlada. Eu decidi não passar pelo psiquiatra e busquei outros recursos para me ajudar a sair desse conflito.

Naquele momento, eu só tinha minha família ao meu lado e, pela primeira vez, decidi acreditar na minha capacidade de mudar a situação. Busquei apoio em diversas áreas, fiz terapia, continuei a prática de exercícios físicos – em especial, o jiu-jitsu –, estreitei relações com pessoas que se preocupavam com meu bem-estar e realmente se conectavam comigo, fiz meditações e práticas de *mindfulness*, e busquei autoconhecimento incessantemente para me conectar com a minha história.

A prática de atividades físicas, como a musculação e o jiu-jitsu, me ajudou a lidar com minhas impotências e desvalorizações. A musculação estimula a força e a potência muscular, mostrando para o cérebro a capacidade de enfrentar os desafios e alcançar os objetivos; e o jiu-jitsu, por ser uma arte marcial de combate que exige concentração, contribuiu na liberação de impotências físicas, permitindo sair do congelamento e criar novo movimentos na vida.

A conexão com o corpo dá abertura para nos conectarmos com as memórias registradas no físico, sendo uma bússola que guia as emoções e conflitos vividos na nossa história. Nesse momento, as Leis Biológicas atuam ao ressignificar esses registros biológicos na mudança de percepção, na qual há uma abertura de espaço para novas percepções e possibilidades. Ao trabalharmos a informação, um leque de oportunidades se abre à nossa frente, permitindo fazer escolhas em níveis mais elevados de consciência.

No caminho, eu me apaixonei pelo desenvolvimento humano e pelas terapias integrativas, devido às transformações e descobertas que passei. Na incessante busca de mim mesma, da minha identidade, decidi que a minha profissão como farmacêutica não fazia mais sentido e resolvi construir uma nova carreira.

As Leis Biológicas são essenciais para identificar a origem do sintoma, seja físico, emocional ou situacional (associados a comportamentos ou condições vividas pelo paciente). De acordo com essa ferramenta, as doenças são manifestações físicas originadas de uma percepção do nosso cérebro e, ao reprogramarmos essa percepção, a informação pode se acomodar no cérebro de forma a retornar ao estado de homeostase do organismo.

Nas Leis Biológicas, a doença não existe; ela é uma adaptação do corpo e do cérebro diante a um perigo que representou um risco à sobrevivência. Associando os elementos da história do indivíduo à percepção vivida por ele, é possível chegar na origem do sintoma.

Mesmo que eu não tivesse o conhecimento dessa técnica quando passei pelo *burnout*, inconscientemente, busquei soluções biológicas para lidar com os desafios. Na terapia, encontrei os principais programantes das crises de pânico que eu percebia como um perigo e fiz associações com percepções da minha história nos períodos da gestação, parto e infância. As experiências adquiridas me aproximaram cada vez mais da minha identidade ao assumir meu lugar de força e autonomia. Eu entendi que "posicionar-se" não era apenas sobre o posicionamento nas redes social ou no mercado digital, mas era um posicionamento na vida, a certeza da própria identidade, fazer escolhas coerentes com quem eu sou e quero para mim e sentir que estou cada vez mais próxima da minha essência como ser humano.

Entender quem eu sou me deu força e coragem para fazer minhas próprias escolhas. Pude assumir o poder de mudar a direção de vida e ocupar meu lugar. A partir das Leis Biológicas, fiz grandes mudanças na minha vida, entre elas a mudança de cidade e a transição de carreira.

Hoje, moro no lugar que um dia foi um sonho e trabalho com o que realmente faz sentido para mim. Decidi viver a minha coerência como psicoterapeuta. Eu não sabia o que me esperava depois dessa decisão, não sabia como seria minha trajetória e muito menos onde eu chegaria, mas eu acreditei em mim e na minha vontade de fazer dar certo o que amo, ser terapeuta. Duas frases ecoavam na minha cabeça, palavras de grandes mestres e professores com quem aprendi muito mais sobre técnica, aprendi a ser eu.

"Confiança não é esperar que o caminho surja a sua frente, mas é crer e ter uma fé inabalável que, ao caminhar, o chão surgirá aos seus pés." (Nicolai Cursino)

"Confie na vida." (Rafael Livramento)

Hoje, eu sou terapeuta, trabalho com as Leis Biológicas e vibro com cada transformação na vida dos pacientes e das pessoas ao meu redor. Nem sempre é fácil, mas eu decidi acreditar em mim e confiar na vida. Em muitos momentos, eu quis mudar o mundo e transformá-lo em um lugar melhor para se viver, mas a vida me ensinou que a única pessoa que eu posso mudar sou eu mesma. E a frase do Gandhi nunca fez tanto sentido: "Seja a mudança que você quer ver no mundo".

Sua história não muda, mas o seu olhar pode mudar. Ao decidir mudar a percepção e ser uma pessoa melhor, as pessoas ao redor irão ressoar com essa mudança. Eu já fui a pessoa que me desmotivava ao ouvir a opinião do outro, que deixava de fazer o que queria com medo do julgamento, que não gostava de me expor, que tinha dificuldade de me conectar com as pessoas e me isolava. Nenhum desses fatos mudou na minha história, mas hoje eu tenho recursos, escolho fazer e ser diferente. Eu deixei de ser refém dos meus sintomas e vejo eles como uma oportunidade de ser melhor a cada dia. Se eu puder dar um conselho, é que siga os seus sonhos, continue... Se é seu sonho, ninguém mais pode fazer algo além de você mesmo.

Eu convido você para se conectar comigo na rede social e acompanhar a mim e meu trabalho no @_jessicakimura. Eu mostro o caminho, sigo com você e ajudo você a assumir seu lugar de autonomia e liberdade na vida.

Referências bibliográficas

Eneacoaching, curso oferecido por Nicolai Cursino.

Noções da Existência, curso oferecido por Rafael Livramento.

“Assumindo seu lugar de força e autonomia, você se torna livre dentro da sua própria história.”

Jéssica Kimura

Juliana Azevedo

Sou Juliana Azevedo, natural de Resende/RJ, e já morei em quase todas as regiões do Brasil acompanhando meu marido militar. Atualmente, residimos em Santarém/PA, onde nasceu meu filho mais velho. Somos uma família de quatro pessoas: meu marido André e nossos filhos Daniel e Miguel.

Sou terapeuta em Leis Biológicas, especializada na Saúde da Mulher e no Transgeracional. Mentoro outras terapeutas e empreendedoras, com centenas de horas de atendimentos individuais e em grupo, atendendo pacientes no Brasil e em outros países, como Estado Unidos, Austrália, França e Portugal.

Fisioterapeuta há 22 anos, trabalhei em ortopedia e RPG, fui dona de clínica e concursada. Hoje, através das Leis Biológicas, ajudo minhas pacientes a transformarem as próprias vidas, como eu transformei a minha.

julianaazevedo.mkt

LÍQUIDO E DINHEIRO, UMA EQUIVALÊNCIA CURIOSA

12

Por Juliana Azevedo

Conflitos de líquido e suas consequências na vida financeira – por que nosso cérebro interpreta líquido e dinheiro como equivalentes?

Quem diria que um quase afogamento na infância estava diretamente relacionado às minhas dificuldades financeiras na fase adulta? E que ambas as situações tiveram origem em traumas vividos pela minha ancestralidade? Como minha professora Josie Kromer costuma dizer: "Nós nos tornamos especialistas em nossos próprios conflitos".

Foi com base nessa busca incessante por respostas que pude construir minha carreira como terapeuta em Leis Biológicas. Ao longo deste capítulo, ficará claro como esses eventos aparentemente desconexos estão profundamente interligados e como as terapias integrativas podem nos ajudar a ressignificar esses conflitos e promoverem a cura.

Os conflitos de líquido, segundo as cinco Leis Biológicas, surgem quando o líquido, seja de forma real ou simbólica, representa um perigo à nossa sobrevivência. Esses conflitos podem ser causados por eventos reais, como enchentes ou afogamentos, ou por situações simbólicas, como falências ou grandes perdas financeiras. Para o nosso cérebro, líquido e dinheiro têm a mesma simbologia, pois ambos são essenciais para vivermos. Ao nascermos, somos amamentados, recebemos o "líquido" da nossa mãe, o que para um recém-nascido, além de assegurar a sobrevivência, é o momento de início de regulação emocional.

Estudos mostram que crianças que foram amamentadas têm maior propensão a se tornarem adultos mais confiantes, proativos e financeiramente bem-sucedidos. A amamentação em livre demanda é a primeira vivência do bebê com a abundância e a prosperidade. Mas você pode estar se perguntando: "Eu não fui amamentado(a) e hoje tenho dificuldades financeiras! A culpa é da minha mãe?".

Eu também não fui amamentada e hoje sei que esse fato ocorreu como expressão do conflito preexistente no meu clã. Aqui não há a noção de culpa ou julgamento e tudo acontece como precisa acontecer, para vivermos as nossas experiências e trabalharmos as nossas percepções. São as nossas percepções que criam a nossa realidade.

Aqui, quero destacar dois pontos importantes: desidratação como conflito de líquido. Um bebê que não foi amamentado, pode sofrer a desidratação como um primeiro impacto e programante do conflito.

Outro aspecto que devemos prestar atenção é que conflitos de líquido são sempre conflitos secundários. Quem faz a gestão dos líquidos no nosso corpo são os rins e as temáticas dos rins são os abandonos, as perdas de referência. Os conflitos de líquido representam uma das diversas possibilidades de desdobramentos desse primeiro conflito. Por isso, conseguimos entender facilmente por que, muitas vezes, não conseguimos tratar com sucesso os nossos conflitos de líquido ou dos pacientes que nos buscam. É necessário buscar na história dessa pessoa o conflito primário. Uma criança abandonada pelos pais representa um claro exemplo de vivência dos conflitos dos rins como primário ao conflito de líquido.

Note também como termos comumente utilizados, como "liquidação", "estou afogado em dívidas" e "liquidez dos investimentos", mostram bem essa relação do líquido e do dinheiro.

Desde muito cedo, os conflitos de líquido se manifestaram na minha vida. Quando eu tinha apenas 8 ou 9 meses, um incidente curioso e perigoso aconteceu. Meus pais receberam visitas em casa e deixaram suas canecas de cerveja sobre uma mesa baixa. Enquanto ninguém me via, eu bebi uma caneca inteira de cerveja. Isso foi suficiente para me deixar desacordada. Meus pais me encontraram no tapete da sala, molhada de cerveja e inconsciente. Felizmente, após um banho frio, voltei ao normal. Essa história era contada nas rodas de amigos e família, sempre acompanhada de risos e gargalhadas. Mas o evento, que eu costumava contar como "engraçado", foi na verdade a primeira vivência com líquido que tive consciência e que marcou minha infância.

Outro episódio significativo ocorreu quando eu tinha cerca de 8 anos. Estava sozinha brincando na piscina do clube que minha família frequentava. Eu não sabia nadar e ficava apenas na escada da piscina. Por um descuido, saí da escada e caí na parte funda. Comecei a me afogar e a me debater, mas, por sorte, meu pé resvalou na escada e consegui voltar. Mais uma vez, o líquido quase me levou a óbito enquanto eu não estava sendo "vista".

Esses eventos repetidos de quase afogamento e exposição a líquidos de forma perigosa revelaram um padrão em minha vida: a falta de cuidado e vigilância. Foi somente em 2023, durante uma consulta com uma astróloga e terapeuta integrativa, que percebi a seriedade desses eventos e como eles estavam profundamente enraizados em minha psique. Essa descoberta foi crucial para ressignificar minhas experiências e compreender a profundidade dos conflitos de líquido em minha trajetória.

Ao me referir a estes eventos, eu iniciava as frases com "É engraçado que...". E por orientação da terapeuta, passei a substituir o "engraçado" por "interessante". Uma palavra, uma mudança, foi responsável por uma enorme transformação dentro de mim. Portando, preste atenção nas palavras que você usa e nas histórias que conta, principalmente para si mesmo(a).

Durante meu processo terapêutico, descobri que os conflitos de líquido também faziam parte da minha ancestralidade. Minha família tinha um histórico de falências e grandes perdas financeiras. E os conflitos com líquido no real vividos na infância deram lugar aos vividos no simbólico e começaram a se manifestar em minha vida adulta, como dificuldades financeiras recorrentes. Essas dificuldades só foram "curadas" recentemente, após muito trabalho terapêutico e autoconhecimento. É importante pontuar que nosso desenvolvimento é um processo que escolhemos viver.

As terapias integrativas desempenharam um papel fundamental na minha jornada de cura. Através de técnicas como a astrologia, a constelação familiar e principalmente as cinco Leis Biológicas, fui capaz de identificar e ressignificar os conflitos de líquido em minha vida. Essas terapias me ajudaram a compreender que os eventos que eu minimizava como "engraçados" eram, na verdade, traumas significativos que precisavam ser abordados com seriedade e profundidade.

O autoconhecimento é uma ferramenta poderosa na resolução de todos os nossos conflitos biológicos. Ao entender como o cérebro interpreta e reage a situações que envolvem líquidos, por exemplo, tanto no sentido literal quanto simbólico, podemos desenvolver estratégias para lidar com esses conflitos de maneira mais eficaz. Isso inclui práticas de autocuidado, como a meditação, a terapia e a busca por apoio emocional.

Aqui, já fica claro o porquê de os conflitos de líquido que vivenciamos como dificuldades financeiras terem a necessidade de serem vistos além da educação financeira. Suas raízes estão profundamente arraigadas na nossa história e de nossa ancestralidade. Para resolver conflitos de líquido, é essencial adotar uma abordagem integrativa que inclua tanto o corpo quanto a mente, nossa história e nossas percepções.

Mesmo sendo terapeuta em Leis Biológicas, continuo investindo no meu processo de autodesenvolvimento. Realizo consultas com outros Terapeutas, o que me permite obter novas perspectivas e aprofundar meu autoconhecimento. A meditação se tornou um hábito diário, ajudando-me a manter a mente tranquila e focada. Participo de grupos terapêuticos on-line, onde compartilho experiências e recebo apoio de pessoas que enfrentam desafios semelhantes. Além disso, encontrei uma atividade física prazerosa que me mantém ativa e saudável. Priorizar meu tempo de autocuidado diário é fundamental, pois me permite recarregar as energias e estar presente para mim mesma e para os outros. Essas ferramentas têm sido essenciais para ressignificar meus conflitos de líquido e promover uma vida mais equilibrada e plena.

Os conflitos de líquido são uma parte intrínseca da experiência humana, profundamente enraizados em nossa biologia e psique. Ao entender a natureza desses conflitos e adotar estratégias eficazes para resolvê-los, podemos promover a cura e o bem-estar em nossas vidas. Minha própria jornada de autoconhecimento e terapia integrativa é um testemunho do poder dessas práticas na resolução de conflitos de líquido, tanto no sentido literal quanto simbólico.

Minha história com os conflitos de líquido é um exemplo de como eventos aparentemente "engraçados" podem ter um impacto profundo em nossas vidas. Ao longo dos anos, aprendi que esses eventos não devem ser minimizados, mas sim compreendidos e ressignificados. As terapias integrativas me ajudaram a enxergar a profundidade desses conflitos e a encontrar maneiras de lidar com eles de forma saudável.

Se você se identificou com minha história, saiba que não está sozinho(a). Muitas pessoas enfrentam conflitos de líquido. A boa notícia é que existem maneiras de resolver esses conflitos e promover a cura em sua vida. E as Leis Biológicas são uma ferramenta poderosa para ajudar você a entender e ressignificar suas experiências.

Convido você a explorar essa terapia e a buscar o autoconhecimento. Ao fazer isso, você estará dando um passo importante em direção à cura e ao bem-estar. Lembre-se de que sua história é única, mas os desafios que você enfrenta são compartilhados por muitos. Juntos, podemos encontrar maneiras de superar esses conflitos e viver uma vida mais plena e saudável.

Referências bibliográficas

ARAÚJO, R. M. A. *et al*. *Aleitamento materno*: o desafio de compreender a vivência. Disponível em: https://www.scielo.br/j/rn/a/cbdBzB6QNkwf6f7nF8ZMrGz/. Acesso em: 28 ago. 2024.

BITTENCOURT, C. Pesquisa inédita revela que amamentação pode aumentar inteligência. *Unasus*, publicado em 19 de março de 2015 Disponível em: https://www.unasus.gov.br/noticia/pesquisa-inedita-revela-que-amamentacao-pode-aumentar-inteligencia-0#:~:text=O%20estudo%2C%20realizado%20desde%201982,verificar%20a%20influ%C3%AAncia%20na%20renda. Acesso em: 28 ago. 2024.

BUENO, K. C. V. N. *A importância do aleitamento materno exclusivo*. Trabalho de Conclusão de Curso, especialização em Atenção Básica em Saúde da Família, Universidade Federal de Minas Gerais, 2013. Disponível em: https://www.nescon.medicina.ufmg.br/biblioteca/imagem/4276.pdf. Acesso em: 8 ago. 2024.

MIFUNE, J. M. *Aleitamento materno e seus impactos na saúde coletiva no Brasil*. Trabalho de Conclusão de Curso, graduação em Ciências Farmacêuticas, Universidade de São Paulo, 2022. Disponível em: https://bdta.abcd.usp.br/directbitstream/54b32144-0af3-4409-8e18- 379c1e8dad0b/TCC_Juliana%20Miyuki%20Mifune.pdf. Acesso em: 28 ago. 2024.

MOTA, H. C. M. *A importância da amamentação e o que pode ainda ser feito para a promover*. Monografia, graduação em Ciências da Nutrição, Universidade do Porto, 2017. Disponível em: https://repositorio-aberto.up.pt/bitstream/10216/105854/2/202489.pdf. Acesso em: 28 ago. 2024.

OPAS destaca importância de participação de toda sociedade na promoção do aleitamento. *Pan American Health Organization (PAHO)*, publicado em 29 de julho de 2021. Disponível em: https://www.paho.org/pt/noticias/29-7-2021-opas-destaca-importancia-participacao-toda-sociedade-na-promocao-do-aleitamento. Acesso em: 28 ago. 2024.

REA, M. F. *Os benefícios da amamentação para a saúde da mulher*. Disponível em: https://www.scielo.br/j/jped/a/8KfDC4ZjkNnpFNkkdd6yLZv/. Acesso em: 28 ago. 2024.

SE amamentar, o seu filho será um adulto bem-sucedido. *Observador*. Disponível em: https://observador.pt/2015/03/18/amamentar-filho-sera-um-adulto-bem-sucedido/. Acesso em: 28 ago. 2024.

“Ressignificar nossos conflitos é a chave para transformar traumas em força e viver uma vida plena e consciente.”

Juliana Azevedo

Juliana Fonseca

Sou Juliana Fonseca Alkimin, natural de São José dos Campos/SP, casada há 25 anos com meu amor, Alexandre Santarém, e mãe dos maravilhosos filhos Raquel e Pedro.

Bióloga de formação e encantada por todas as formas de vida, atuei na área da educação por 25 anos, o que me proporcionou uma vasta compreensão sobre a singularidade da nossa biologia humana. Há dez anos, eu me tornei naturopata e terapeuta integrativa especializada em Leis Biológicas, também conhecida como Nova Medicina Germânica.

Através da Leitura Biológica, auxilio pacientes a compreenderem que, por trás de suas dores físicas, existem também conflitos emocionais e transgeracionais, pois mente e corpo formam um sistema biologicamente integrado.

juliana_fonsecaterapia

+55 (12) 98889-4663

julianafonsecaterapia@gmail.com

NÃO SEJA REFÉM DOS SEUS SINTOMAS

VOLTANDO AO MEU LUGAR

A CONEXÃO INVISÍVEL - COMO HERDAMOS EMOÇÕES?

13

Por Juliana Fonseca

Venho de uma família de origem mineira, mais precisamente de uma pequena cidade chamada Delfim Moreira, localizada no sul de Minas Gerais, que faz divisa com o estado de São Paulo. Foi lá que meus pais se conheceram e se casaram. Meus avós paternos eram sitiantes e levavam uma vida restrita de recursos financeiros. Sempre ouvi meu pai dizer que o dinheiro não sobrava, mas a comida era farta, até os porcos passavam bem, com tanta abóbora da horta. Meus avós maternos eram comerciantes, tinham o que chamavam de "venda", na época, como se fosse uma loja de armarinhos, agulhas, linhas, tecidos, entre outros. Também possuíam uma propriedade da qual rendiam muitas frutas, marmelos, ameixas, peras, as quais meu avô, por vezes, saía em viagem para comercializar. Meus avós paternos tiveram quatorze filhos nascidos; se minha avó não tivesse sofrido três abortos, seriam dezessete. Meus avós maternos tiveram treze filhos, mas perderam um bebê depois de 7 meses de vida.

Meus pais, diferentemente dos meus avós, tiveram quatro filhos. Eu sou a segunda filha, tenho uma irmã mais velha, uma mais nova e um irmão caçula. Desde pequena, sempre estive próxima aos meus irmãos, buscando segurança em meu grupo, como faz a maioria dos mamíferos.

Sou filha de uma professora e de um operário que trabalharam arduamente para garantir nossa subsistência, assim como meus avós fizeram para seus filhos. Quando criança, e acho que até hoje, era muito curiosa. Agradeço aos meus pais por me proporcionarem uma infância livre e em contato com a natureza. Sempre me interessei por todas as formas de vida: plantas, animais e, claro, pessoas! Foi assim que a biologia surgiu em minha vida.

Minha avó materna formou-se professora, mas foi impedida de exercer sua profissão pelo meu avô, que achava que mulher deveria ficar em casa e cuidar dos filhos. Minha mãe, filha dessa professora, quase seguiu o mesmo caminho. Mas, mesmo com filhos pequenos, visou complementar sua formação em Pedagogia, além do curso de normalista, e trabalhou na docência até sua aposentadoria. Eu, então, com uma herança emocional e um modo inconsciente de honrar minha ancestralidade e ser fiel ao meu clã, acabei me tornando professora. Confesso que, como toda jovem sonhadora, desejava buscar aventuras e ser pesquisadora.

Meu pai, semianalfabeto, como ele mesmo se denomina, pois cursou até o 4º ano primário, buscou garantir nosso sustento com sua experiência de mecânico de automóveis que aprendeu sozinho durante seus anos de vida como caminhoneiro, antes de se casar. Usando essa habilidade, entrou para a indústria. Assim, estabeleceram-se em São José dos Campos, minha cidade natal, onde permanecem até hoje. Foi nesta cidade que passei minha infância, juventude e iniciei minha carreira como professora.

Durante meus anos de experiência na docência, convivi com pessoas de todas as idades, desde bebês até adultos e senti enorme satisfação em meu coração ao poder ajudar e contribuir na formação daqueles que até mim chegavam, e assim passaram-se 25 anos. Mas chegou um momento em que a docência já não trazia mais tanta alegria ao meu coração como antes; um vazio tomou conta, e aquela satisfação desapareceu. Sentia que havia algo que precisava buscar e entender.

Busquei formação em Naturopatia para auxiliar as pessoas a compreenderem que nosso corpo é um todo integrado; se não tratarmos as dores emocionais, as físicas permanecem. Em seguida, iniciei a formação em Psicanálise, que me ajudou a entender que os processos inconscientes influenciam nossos pensamentos, emoções e comportamentos, incluindo conflitos internos, traumas passados e mecanismos de defesa que moldam nossa personalidade e nossas reações. Mas foi através do estudo das Leis Biológicas que compreendi muitas das respostas para os nossos conflitos internos, que podem ser herdados dos nossos pais, avós e bisavós. Nosso corpo recebe fragmentos de memórias celulares e sensações corporais de nossos antepassados. Você pode estar me perguntando: "Como isso é possível?".

Bruce Lipton, brilhante biólogo celular, explica em seu livro *Biologia da crença* que nossos pensamentos, sentimentos e emoções conseguem provocar alterações fisiológicas e comportamentais em nossas células.[i] Ele revela como a comunicação das emoções entre mãe e bebê ocorre por meio da placenta e do cordão umbilical. Emoções vividas pela mãe, como medo, raiva, tristeza, alegria, esperança e insegurança, alteram a biossíntese de uma série de hormônios de estresse, que atravessam a placenta e ativam quimicamente proteínas receptoras específicas nas células do feto, provocando uma resposta emocional de luta ou fuga. O mesmo comportamento é observado na natureza, quando os animais se sentem ameaçados, e isso é registrado na memória celular do feto, podendo tornar-se responsivo em um acontecimento semelhante de estresse.

Bruce afirma que muitos estudos estão sendo conduzidos hoje sobre o tema. Se a mãe está sob grande estresse, seu eixo HPA (hipotálamo-pituitária-adrenal) é ativado, fazendo com que o bebê perceba o ambiente como ameaçador. Os hormônios de estresse desencadeiam reações de proteção. Ao entrarem na corrente sanguínea fetal, impactam os mesmos tecidos e órgãos que afetaram a mãe.

Mark Wolynn, especialista em traumas familiares herdados, cita em seu livro *Não começou com você* que pesquisas emergentes em epigenética comprovam que fatores externos e comportamentos podem ativar ou desativar genes sem alterar a sequência do DNA.[ii] Basicamente, isso mostra como nossos genes são influenciados pelo ambiente e pelas experiências que passamos, e como essas mudanças podem ser transmitidas às próximas gerações.

Wolynn nos explica o que a embriologia afirma há mais de um século. Em nossa forma biológica inicial, como um óvulo não fertilizado, eu já compartilhava um ambiente celular com minha mãe e minha avó. Quando minha avó estava grávida de cinco meses da minha mãe, a célula precursora do óvulo do qual eu viria a me desenvolver já estava presente no ovário do feto que seria minha mãe. Três gerações compartilhando o

---

i LIPTON, B. H. *Biologia da crença*: o poder da consciência sobre a matéria e os milagres. São Paulo: Butterfly Editora, 2007.

ii WOLYNN, M. *Não começou com você*: como o trauma familiar herdado nos define e como dar um fim a esse ciclo. Rio de Janeiro: Alta Books, 2023.

mesmo ambiente biológico. Assim também aconteceria com as células precursoras do esperma que me originaram, que se encontravam presentes no meu pai quando era um feto no útero da minha avó. Como o esperma no homem continua a se desenvolver após a adolescência e ao longo da vida, ele permanece sujeito a marcas traumáticas praticamente até o momento em que somos concebidos.

Wolynn relata que estudos atuais com camundongos que tiveram seus progenitores submetidos a situações de estresse, incluindo separação de filhotes de suas mães por longos períodos ao nascer, geraram descendentes com padrão de estresse e manifestação de sintomas de ansiedade e depressão por pelo menos três gerações.

Você consegue imaginar a dimensão dos conflitos que seus antepassados viveram no que diz respeito à luta, fuga e sobrevivência? Será que todos os indivíduos da minha rede familiar foram realmente almejados? Por quais emoções estariam passando minhas avós e avôs naqueles momentos de suas vidas?

Ao estudar as Leis Biológicas, conhecidas também como Nova Medicina Germânica, compreendi que um trauma ou choque vivido gerará um conflito biológico que poderá se tornar o que a medicina convencional nos apresenta como "doença". Revisar o papel que os hormônios do estresse desempenham em nosso cérebro e, consequentemente, os processos biológicos de transmissão do trauma, fez que eu refletisse muito sobre minha ancestralidade. Alguns membros de gerações anteriores, como tios, e da minha geração, como primos, apresentam tendências de sofrimento em relação ao alcoolismo e à depressão, o que gerou perdas precoces e muito doloridas em meu clã familiar. Isso me impulsionou a buscar por histórias da vida dos meus avós, tios, tias e dos meus pais. Como já não tenho meus avós vivos, contei com a percepção dos fatos narrados por todos eles.

Visei a entender que experiências que talvez tenham sido dolorosas demais não são lembradas e contadas na íntegra, são de conhecimento, mas se apresentam de forma enigmática.

A psicanalista Galit Atlas, em seu livro *Herança emocional*, relata que nossas instâncias psíquicas apresentam um mecanismo de defesa emocional perante traumas muito dolorosos[iii]. O trauma se mantém na

iii ATLAS, G. *Herança emocional*: uma terapeuta, seus pacientes e o legado do trauma. Rio de Janeiro: Alta Books, 2022.

mente como um evento que "não é lá essas coisas", ou "irrelevante". E que são justamente esses traumas indescritíveis e dolorosos demais que permanecem em silêncio, transmitidos às próximas gerações, tornando-se uma herança emocional. A epigenética não nos deixa dúvidas de que herdamos traumas familiares, inclusive aqueles que desconhecemos. Quando somos crianças, experimentamos os medos dos nossos pais e os absorvemos, enxergando o mundo da mesma forma que eles e nos protegendo semelhantemente.

Buscar mais profundamente minha história familiar me trouxe diversas reflexões e ideias até então não observadas. Entendi que o que evitamos conhecer nos impede de descobrirmos aspectos da nossa própria identidade.

Analisar minha vida, traumas de infância e conflitos de lealdade com meus ancestrais me permitiu encontrar sentido para curar minhas feridas, viver com autenticidade e educar a próxima geração com honestidade e integridade para sobrelevar o caminho do amor. Sou grata e honro minha ancestralidade por tudo o que enfrentaram para eu estar aqui. Hoje, escolho seguir meu próprio caminho, carregando apenas o amor.

“A conexão invisível com nossa ancestralidade entrelaça quem somos, mas não define quem podemos ser.”

Juliana Fonseca

Karen Kubota

Sou Karen Kubota, segunda filha do Paulo e da Tânia, natural de Bataguassu/MS. Já morei no estado de São Paulo, Paraná e também no Japão, o que me trouxe uma experiência incrível de diferentes culturas e costumes, e moldou o meu próprio jeito de ser. Atualmente, resido em Nova Andradina//MS, com meu amado marido Guilherme e nossos filhos: José Guilherme e João Vitor.

Sou terapeuta integrativa das cinco Leis Biológicas e Sistêmica em minha cidade, presencial e on-line. Também sou cantora amadora, a música tem um grande papel em minha vida desde minha infância e é responsável por muitas memórias afetivas.

Passei por muitos desafios e iniciei a jornada do autoconhecimento por um grande desejo de entender a mim mesma e o que acontecia em minha vida.

karenmkubota

+55 (67) 99636-3777

karenmariakubota@gmail.com

NÃO SEJA REFÉM DOS SEUS SINTOMAS

VOLTANDO AO MEU LUGAR

O PODER DO PERDÃO 14

Por Karen Kubota

Como perdoar alguém por um mal recebido? Seja uma rejeição, um abandono, uma traição, um abuso ou mesmo uma vida que é interrompida por um acidente.

Muitas vezes, o primeiro pensamento que pode nos surgir é: "Jamais perdoarei esse mal que me fizeram". E, sem perceber, ao armazenar essa grande dor dentro de nós, a mágoa vai se tornando algo físico e palpável. Ela se comunica conosco através de algum sintoma no próprio corpo, até que esteja tão latente que precisemos parar e olhar para ela de frente, encará-la para então deixá-la ir embora.

Talvez você já tenha ouvido que perdoar não é esquecer, e, de fato, não é! Ao perdoar, você continuará lembrando do que ocorreu, do que viveu ou até mesmo do que gostaria de ter feito de diferente, mas a sensação não será mais a mesma. Quando você libera o perdão, você passa a recordar sem o peso da dor, sem sentir mais no seu corpo as mesmas sensações que teve como da primeira vez. É poder olhar para o mal que fizeram para você sem que isso continue lhe corroendo por dentro.

Todos nós temos uma situação da infância ou juventude que nos marcou profundamente, a ponto de mudar muito nossa maneira de ser ou agir. Uma dor que guardamos no nosso mais íntimo e profundo e evitamos até mesmo pensar nela. Pergunto a você: qual é a sua grande dor? O que você gostaria de ter feito diferente se pudesse voltar lá atrás? O que você gostaria de não ter feito? Como deveria ter agido ao invés de ter paralisado? O que poderia ter dito ao invés de ter se calado? Para onde poderia ter ido ao invés de ficar onde estava? Os "e se" que atormentam você durante o dia.

Toda vez que você pensa "e se" (se eu tivesse falado, se não tivesse agido daquela forma, se não tivesse feito isso, se não tivesse permitido aquilo, se tivesse sido mais rápido...), você se conecta com o sentimento de culpa, como se todo mal ocorrido fosse culpa sua, como se você fosse a única pessoa responsável por estar sofrendo. O "e se" prende você ao passado e à dor. Essa culpa se mistura com remorso, raiva, medo, mágoa e aciona suas maiores dores: do abandono, da rejeição, da exclusão. Dores que você talvez nem imagine quando começaram, mas que paralisam você diante da vida.

Esses sentimentos impedem que você avance para o futuro e até mesmo desfrute o presente. Você acaba se sentindo preso e a vida passa sem que você a viva. Estar estagnado ou preso no passado por não poder mudar o que aconteceu explica os sintomas de depressão. É não aceitar que a vida continua, é sentir o amargor e ao mesmo tempo estar sempre ansioso por não ter controle do que irá acontecer no futuro, por medo de repetir ou passar pela mesma situação que tanto machucou, que você se arrependeu e luta para esquecer.

Nós não conseguimos mudar o passado, tampouco controlar nosso futuro. Podemos escolher apenas como agiremos neste momento. A escolha está em suas mãos, de continuar se torturando ou de olhar e acolher aquele momento doloroso, dar um lugar a ele e ressignificar essa grande dor, para enfim, seguir sem esse peso, tornando sua vida mais leve.

Nós atraímos alguns acontecimentos, algumas situações, para poder reviver aquelas que são nossas maiores dores. Quando digo isso, talvez você possa achar que eu estou errada, que jamais você atrairia uma situação de dor para sua vida, isso não faz o menor sentido! E eu concordo com você, você não atraiu isso que aconteceu, mas sim a dor que viveu. Por trás de um abuso, está a dor do abandono, de não se sentir cuidada e protegida por um pai, por exemplo. Por trás de uma traição, a dor da rejeição, de ter se sentido trocada pelos pais quando nasceu um irmão mais novo ou mesmo quando esses pais precisaram optar em ter que passar mais tempo no trabalho. Isso está diretamente ligado à dor da nossa criança, que não se sentiu vista e amada como desejava. Nós sempre buscamos voltar para o colo de nossos pais, para a segurança e aconchego que esse regaço nos proporcionava. E, quando dentro de nós ficou registrado que ainda falta esse acolhimento, essa proteção, esse amor, nós sempre daremos um jeito de voltar para eles, mesmo na vida adulta, e fazemos isso por meio dos nossos fracassos e decepções, através de nossas frustrações, nosso inconsciente dizendo: "Pai, mãe, olhem para mim, preciso ser visto por vocês, preciso do colo, da atenção, do amor de vocês".

Cada um dos sentimentos que tem irá afetar diretamente um órgão do seu corpo. Se você sente que foi injustiçado, isso irá afetar seu pâncreas; a raiva pode fazer com que você trave a mandíbula, tencione o trapézio, feche seus punhos (como se fosse dar um soco); não poder perdoar tamanha sujeira impacta seus intestinos; uma mágoa que você guarda muito e remói causa as celulites em você; não poder mais ver essa dor, afeta seus olhos; não querer mais ouvir aquela voz, aqueles gritos, a sua audição e seus ouvidos; ter se sentido abandonado, seu fígado; sentir-se desvalorizado, os seus músculos, ossos e tendões; sentir que não foi protegido, o ganho de peso e gordura indesejada em seu corpo; e, por fim, o maior prejudicado em guardar essa dor é você mesmo.

O nosso corpo é uma máquina perfeita, tudo o que um dia o causou dor, ele irá encontrar uma maneira de se comunicar com nosso emocional e trazer os sintomas conforme vivenciamos os momentos traumáticos.

Em meus atendimentos, as frases que ouço muito são: "Não consigo perdoar isso que me fizeram"; "Eu me senti traída com essa atitude"; "Foi uma grande sacanagem o que me fizeram!". E, de fato, a traição não necessariamente precisa ser sexual, mas uma mentira pode ser sentida como traição, a rejeição de uma mãe, a calúnia de uma amiga, o abandono de um pai, o amiguinho da escola que preferiu ter amigos novos, ou mesmo uma questão financeira. Nós vamos transferindo essas dores para a nossa vida adulta, e cada um de nós enxerga a vida de uma maneira, apenas quem recebe é que pode dizer o quanto determinada atitude o feriu, o quanto se sentiu traído ou ofendido.

Quando você fica preso a esses sentimentos de mágoa, rancor, raiva, ódio, você passa então a atrair situações e pessoas que levam você a repetir isso, como ciclos, até que você consiga entender o que pode aprender com essas pessoas e acontecimentos. Tudo acontece para que você consiga perdoar, não (somente) a pessoa que causou o mal, mas o acontecido com você. Perdoar a situação que feriu você e muitas vezes perdoar a si mesmo por não ter tido o controle da situação, por não ter podido fazer de outra maneira, por não poder voltar no passado.

Não quero justificar dizendo que todos nós temos dores, até mesmo aquele que machuca, por isso você tem que levar em consideração a dor do outro. Aqui, quero convidar você a olhar que, apesar da dor que você viveu, você cresceu, você chegou até aqui. Tenho certeza de que você tem motivos pelos quais pode se alegrar, e ter passado por tamanha dor fez você mais forte, talvez mais ousado, mais determinado, e hoje você pode perdoar a si mesmo por não ter conseguido fazer diferente naquela situação. Acolha a você mesmo, olhe para você sem expectativas, sem cobranças, olhe para a vida que você tem hoje e perceba o que você pode fazer de bom com ela. Imagine algo grandioso que você tenha vontade de fazer, então diga a si mesmo que se perdoa por ainda não ter buscado esse sonho.

O perdão começa dentro de nós, depois ele se expande e transborda para o outro. O perdão libera você da dor, não o outro; o perdão transforma a sua vida. Ficar preso no que aconteceu é uma espécie de vingança consigo mesmo, é afirmar diariamente que você não merece a vida que tem. Então, se liberte desse sentimento que corrói você por dentro, que afeta seus órgãos, seus músculos, a sua saúde física e emocional, que tem corroído todo o seu ser. Libere seu corpo para sentir alegria, para, enfim, viver plenamente a vida que você possui. Liberte-se dessa cobrança, dessa dor, deixe-a ir e se apegue ao que você ainda pode fazer, ao que você ainda pode viver e desfruir. Torne seus dias mais leves e alegres, experimente apreciar o momento com intensidade, sem estar preso ao passado e sem se preocupar com o que está por vir. Entenda que a vida foge do nosso controle, mas ainda assim ela pode ser maravilhosa, basta você acreditar que dentro de você há algo único e muito especial que merece ser cuidado com todo zelo!

Comece hoje a liberar-se dessas mágoas, desses arrependimentos, desses rancores. Não pense mais de quem é a culpa, de quem foi a culpa, nem por que isso aconteceu justamente com você. Busque pensar que hoje, só hoje, você pode fazer diferente, você pode escolher por você, você pode alimentar as coisas boas ao seu redor, e a cada dia você vai fazendo novas escolhas, vai optando em cuidar dos bons sentimentos, até que consiga enxergar que o que molda você não é a dor, mas como você escolhe olhar para ela e contar sobre ela hoje.

Qual história você irá contar sobre si mesmo? A de um pobre coitado que sofreu muito com o que os outros fizeram ou a de um vitorioso, que apesar de não ter escolhido aquela dor, soube superá-la e transformá-la em motivação? A escolha é sua!

"Quando você libera o perdão, passa a recordar sem o peso da dor. É poder olhar para o que ocorreu sem que isso continue corroendo você."

Karen Kubota

Lidiane Melato

Sou natural de Itajaí/SC e resido atualmente em Campo Largo/PR, com minha família: minha filha Myllena e meu filho Leonardo. Sou uma mãe determinada e apaixonada pelo desenvolvimento pessoal.

Trabalhei por anos no regime CLT, mas alguns obstáculos e a perda de meu esposo, em 2015, me levaram a um profundo processo de autoconexão. Foi nesse momento que decidi me tornar terapeuta.

Desde 2019, sou formada em diversas áreas terapêuticas, incluindo Programação Neurolinguística (PNL), Leis Biológicas e Sistêmica e analista comportamental. Hoje, atuo como reprogramadora mental, auxiliando mulheres a se libertarem de travas emocionais e dores que as impedem de viver uma jornada mais leve e conectada consigo mesmas.

lidi_me.terapeuta

+55 (41) 99107-4541

Lidi Melato

Lidiane Melato.terapeuta

lidianemelato@gmail.com

RESILIÊNCIA: UMA LUZ NO ABISMO DA ALMA 15

Por Lidiane Melato

Eu cresci em uma família tradicional, sendo a filha mais velha em uma casa com dois irmãos. Desde cedo, aprendi a responsabilidade de cuidar do próximo. Tive uma infância simples e boa, que me ensinou a importância da família e do cuidado com os outros.

Aos 14 anos, em 1994, conheci meu esposo, meu amor de juventude. Comecei a sonhar em casar-me, formar uma família e viver uma vida tranquila. Casei-me em 2000 e, em 2003, tivemos nossa filha. Até então, minha vida era pautada pelo cuidado com a família, um propósito que sempre me trouxe alegria e sentido.

No entanto, em 2015, minha vida sofreu um golpe devastador. Meu marido faleceu em um acidente, após 15 anos de casamento. Esse evento trágico desmoronou minha vida e da minha filha, na época com 9 anos, nos deixando sem chão, sem propósito. Eu não via futuro para mim, pois meu propósito estava intimamente ligado à nossa família. A dor da perda foi imensa e paralisante, fazendo com que tudo ao meu redor perdesse o sentido.

Entrei em uma profunda depressão, sentindo-me perdida. Eu precisava continuar vivendo pela minha filha, mas era difícil lidar sozinha com a dor, as responsabilidades e os desafios. Durante esse período, meus pensamentos estavam constantemente mergulhados em um ciclo de tristeza e desesperança e me perguntei inúmeras vezes porque isso aconteceu comigo.

Fui sobrevivendo trabalhando, cuidando da minha filha, entendendo que a responsabilidade era minha, equilibrando as demandas do trabalho e a administração do lar sozinha. A cada dia, a depressão piorava, e eu sentia a vida escapando. Meu corpo, refletindo o estado da minha mente, adoecia e me deixava ainda mais frágil. Eu tentava desesperadamente encontrar uma fresta de luz no abismo da minha alma.

Nessa jornada em busca da luz, em 2019, um encontro transformador aconteceu, e, desse vínculo, floresceu a preciosidade que é meu filho. Embora não tenha casado novamente, esse elo trouxe uma nova luz e propósito à minha vida e à da minha filha, que adorou ganhar um irmão. Apesar das sombras e dos medos, meu filho trouxe alegria e esperança, aliviando o sofrimento dela pela ausência do pai. Tive que ser duplamente forte, mas a cada dia nosso vínculo familiar foi se fortalecendo.

Apesar dos altos e baixos, eu achava que podia lidar com tudo sozinha. Presa em um ciclo de tristeza, um pensamento assustador surgiu: tirar minha própria vida. Mas minha fé em Deus tornou essa ideia absurda. Foi o momento mais sombrio da minha vida, com a luz parecendo distante, mas minha fé me sustentou.

No final de 2019, tomei a corajosa decisão de buscar ajuda, iniciando minha libertação dos traumas. Guiada por terapias incríveis, enfrentei dores profundas e sombras internas. Embora doloroso, esse processo foi essencial para minha autodescoberta e fortalecimento. Através da terapia, aprendi a compreender os padrões da minha existência e a encontrar a verdadeira cura dentro de mim, redescobrindo-me. Então, mergulhei nos estudos e vi como era libertador compreender minhas emoções e traumas.

Descobri que o autoconhecimento é uma ferramenta poderosa para transformar a dor em força, explorando as profundezas da minha mente e das relações que moldam minha existência. Descobri com fascínio como a reprogramação mental se tornou uma bússola poderosa nessa transformação. Cada sessão terapêutica representava um mergulho corajoso rumo ao desconhecido, desbloqueando os medos e traumas emocionais e doenças físicas que há muito tempo me acorrentavam. Foi através desse trabalho incansável que encontrei a chave para compreender e transcender minhas emoções mais profundas, transformando a dor em uma evolução pessoal e no florescimento de uma nova vida repleta de significado e autenticidade.

Primeiros ensinamentos

1. **Aceitar a dor:** a primeira etapa do meu processo de cura foi aceitar a dor. Negar o sofrimento apenas prolongava o tormento. Aprendi que aceitar e sentir a dor é o primeiro passo para a cura.

2. **Autoconhecimento:** compreendi que o autoconhecimento é essencial para a libertação. Ele nos permite entender nossas emoções e traumas, e como eles nos afetam.

3. **Resiliência:** a resiliência se tornou um pilar na minha jornada. É a capacidade de se levantar após cada queda e continuar a lutar.

Com o autoconhecimento, descobri que tinha a capacidade de transformar minha dor em força e minha história em uma inspiração para outros. A cada dia, eu me tornava mais dona de mim mesma, vivendo uma vida mais calma e serena. A dor que antes me paralisava, agora me impulsionava a crescer e a me tornar mais forte.

Uma pergunta que sempre ecoou na minha mente: "O que estamos fazendo aqui nessa jornada chamada vida?". A resposta veio clara e poderosa: "Olhe a vida maravilhosa que você tem, a história incrível que você viveu e continua vivendo. Como pode não valorizar tudo isso? Como pode esquecer todas as outras histórias que ainda estão por vir? Sua jornada não terminou: você pode seguir em frente com mais força e propósito do que nunca. Cada experiência, cada desafio, só acrescentam valor na sua existência".

Foi essa resposta que me fez virar a chave e perceber o quanto a vida é linda, e que eu podia moldá-la como quisesse. Em julho de 2021, já formada em Reprogramação Mental, Leis Biológicas e Sistêmica, comecei a ajudar outras pessoas a se libertarem de seus traumas e medos. A minha jornada me capacitou a auxiliar outras pessoas a encontrarem seu caminho, a libertação de medos e traumas vivenciados e a superarem seus próprios desafios internos e externos.

Meus conhecimentos e tudo que aprendi nas formações me capacitaram e me proporcionaram ferramentas para ajudar as pessoas a se conhecerem melhor e a enfrentarem seus medos. Aprendi que o autoconhecimento é a chave para transformar vidas, capaz de criar histórias de superação verdadeiramente inspiradoras.

Ao nos aprofundarmos em nossa própria mente e emoções, descobrimos que somos capazes de superar qualquer obstáculo, ressignificando nossos traumas e encontrando a verdadeira essência de quem somos. Através do autoconhecimento, não só enfrentamos e vencemos nossos medos, mas também aprendemos a honrar e valorizar cada momento e cada relacionamento, percebendo a beleza e o significado profundo de nossas vidas.

Essa compreensão nos capacita a ajudar os outros de forma mais empática e eficaz, criando uma rede de apoio e crescimento mútuo. A verdadeira cura começa de dentro para fora, e quando nos conhecemos melhor, podemos compartilhar essa luz com o mundo, ajudando cada pessoa a descobrir seu próprio poder de transformação e a construir uma vida leve.

Ao mergulhar no desenvolvimento humano, descobri uma nova paixão e missão: ajudar as pessoas a desbloquearem os medos que as impediam de agir e sair das situações em que se encontravam. Cada sessão é uma oportunidade não apenas de transformação para meus clientes, mas também de crescimento para mim, através de técnicas terapêuticas, guiando meus clientes no processo de enfrentar e superar seus traumas, permitindo que se conheçam melhor e encontrem a força interior para construir uma vida mais leve.

Em 2022, essa dedicação e paixão pelo desenvolvimento humano me levaram a fazer uma transição significativa na minha carreira. Decidi deixar meu emprego com CLT e me lançar como empreendedora, dedicando-me exclusivamente ao trabalho como terapeuta. Foi uma decisão corajosa, mas essencial, pois sabia que meu propósito era ajudar pessoas a viverem uma vida mais leve e significativa.

Essa nova fase trouxe consigo desafios, mas também um profundo senso de realização, vendo pessoas se libertarem de anos de sofrimento, redescobrirem a alegria de viver e se reconectarem com suas verdadeiras essências; sabendo que, ao ajudar os outros a se conhecerem melhor, também contribuo para um mundo mais empático e fortalecido.

Eu sei o quanto é difícil perder alguém, o quanto é doloroso lidar com a morte e o vazio que ela deixa para os que ficam. Mas há algo que quero compartilhar: quando nos aprofundamos no autoconhecimento, descobrimos uma capacidade extraordinária de transformar essa dor imensa em uma força monumental. Através dessa força, podemos criar uma história de superação. As pessoas que amamos nunca nos deixam verdadeiramente. As memórias e o amor se entrelaçam com nossa própria essência. Ao carregá-las dentro de nós, temos a chance de honrar suas vidas ao continuar a nossa, moldando nosso caminho de forma única e significativa.

Cada passo que damos, cada desafio que enfrentamos, é uma oportunidade de transformar a dor em crescimento, a tristeza em resiliência. Sabendo que aqueles que amamos estão sempre conosco, encontramos a coragem para seguir em frente, para escrever novos capítulos cheios de esperança, amor e superação. E assim, ao nos conhecermos melhor, abraçarmos nossos medos e nossas dores e aceitarmos que tudo faz parte da nossa existência, percebemos que podemos não só sobreviver, mas florescer. A vida, apesar de suas perdas e dores, continua sendo como uma colcha de retalhos, em que cada pedaço forma uma parte da sua beleza, cada momento vivido contribui para a beleza de nossa história, e podemos moldá-la com mais amor e resiliência. Eu sei que isso é possível porque eu vivi essa transformação. Se eu consegui, você também pode.

O autoconhecimento trouxe de volta minha vida, minha história e me deu um novo começo. Aprendi que a vida é para ser vivida plenamente. Acredite, não foi fácil, mas com autoconhecimento e determinação, tudo é possível.

Eu convido você que está lendo isso agora a embarcar nessa jornada. Permita-se conhecer a si mesmo, enfrentar seus medos e redescobrir a força que já existe dentro de você. A sua história ainda está sendo escrita e você tem o poder de moldá-la de uma maneira única e poderosa. Venha, vamos transformar nossas vidas juntos!

"A felicidade está no caminho, no instante que você deseja que nunca acabe."

Lidiane Melato

Lívia Miguel

Sou Lívia Maria Zanardi Miguel, médica dermatologista, terapeuta, mentora de mulheres e criadora do método Medicina Emocional. Resido em Taquaritinga/SP, minha cidade natal, com meu marido Dú Santtána. Hoje, com a internet, consigo expandir meu trabalho, tendo pacientes pelo mundo todo! Formada há doze anos, senti no início da minha carreira um desejo muito forte de entender a origem das patologias, pois os quadros crônicos sem resposta no consultório me incomodavam.

Há cinco anos, meu primeiro contato com a Nova Medicina Germânica, estudada pelo médico alemão Dr. Hamer, abriu as portas para minha transformação pessoal e profissional. Hoje, ocupo um lugar que me realiza e me permite transformar cada vez mais mulheres!

dra.liviamiguel

livia.miguel@hotmail.com

NÃO SEJA REFÉM DOS SEUS SINTOMAS

VOLTANDO AO MEU LUGAR

A PELE E OS CONFLITOS DE SEPARAÇÃO E DESPROTEÇÃO

16

Por Lívia Miguel

A cronicidade das patologias de pele é algo que incomoda as pessoas, e que, diariamente, eu me deparei no consultório por muito tempo. O conceito de saúde e doença da Medicina convencional não nos permite, em vários casos, chegar à raiz do problema, e atuar além dos sintomas. Esse foi o motivo da minha busca por respostas, pois eu não conseguia atuar com meus pacientes além de determinado ponto. Foram as Leis Biológicas, descobertas pelo médico alemão Dr. Hamer, que nos permitiram explicar exatamente o funcionamento dos órgãos, através do comando pelo sistema nervoso autônomo.

Para entendermos melhor a causa das alterações de pele, precisamos falar das nossas origens. Nós, mamíferos, temos necessidades básicas para sobrevivência, e uma delas é o contato. Somos animais que vivem em bando, e, por isso, estar separado (perder o contato físico) na natureza é muito grave e significa risco de vida para o inconsciente biológico.

O conflito de separação é um dos mais importantes e acomete a epiderme. É a camada mais superficial da pele e a mais recente na evolução das espécies. Ela permite o contato com outra pessoa e com tudo o que é externo e que está no ambiente. O reconhecimento ao toque acontece pelos receptores de tato, que conduzem o estímulo ao cérebro. Eles têm percepções de calor e frio, e levam a informação da separação quando não há mais o calor do contato. Assim, o conflito aqui está relacionado com contato e separação.

São duas possibilidades: ter medo de estar separado ou querer estar separado. Quando falamos da primeira opção, acontece um sofrimento por uma separação que já aconteceu, ou então que pode acontecer. É muito comum, nesse caso, chegarmos em um ponto inicial de perda de contato na infância, gerando medos. É importante termos clareza da relevância do contato desde o início da nossa vida, inclusive no nascimento, na amamentação e na infância. Situações que geram separações ou medo de estar separado são possíveis programantes para manifestações na pele. Alguns exemplos são: perigo de perda na gestação; bebês que ficam em UTIs, ou em salas separadas da mãe logo ao nascimento; impossibilidade de amamentação; necessidade de parar a amamentação e de se afastar pela volta ao trabalho; nascimento de um irmão mais novo; entre tantas outras.

Já no segundo contexto, vamos ver que existe a percepção de querer afastar alguém de perto, afastar um contato que é indesejado, mas que, por algum motivo, não está sendo possível.

Outro ponto importante é o frio. Quando não há mais o calor do contato, estabelece-se a separação, e o cérebro registra o frio como um trilho de conflito, algo que remete à questão. Além disso, a morte é a grande e última separação e ela é fria (você percebe ao tocar a pele de uma pessoa falecida). O sangue já não é mais quente, fazendo com que o frio esteja atrelado ao conflito. Ele também pode lembrar brigas, separações, salas de cirurgia, operações, nascimentos cesarianos. Tudo isso leva a uma sensibilidade nas mudanças de temperaturas, fazendo com que você manifeste sintomas físicos ou então se sinta mais melancólico. Para o seu inconsciente, é como se você estivesse vivendo a mesma situação.

O medo inconsciente de sentir novamente a separação pode ser, já na vida adulta, uma das causas da pessoa não ir para vida, não conseguir construir vínculos, ter dificuldade de se relacionar, de se casar, de sair da casa dos pais. E, com o tempo, isso pode trazer muitos outros sintomas relacionados a conflitos de identidade.

Para encontrarmos nossa identidade, saber quem somos e o que queremos, é preciso existir uma separação dos outros. E isso não significa ir embora e não olhar para trás, mas saber o que eu gosto ou não gosto, sem ser influenciado pelo desejo, direcionamento ou imposição do outro. Saber dizer "não". Nesse movimento, distinguimos a verdade do outro da nossa verdade. Não digo que é fácil, principalmente pelo desejo de ser amado, de pertencer, de ser visto, que sustenta esses comportamentos. O que é preciso entender é que, muitas vezes, para suprir essas necessidades não atendidas, nos mantemos nesse local de doação e esquecemos quem realmente somos. Portanto, essa separação é necessária quando nos tornamos adultos, pois precisamos nos apropriar da nossa existência e seguir nossa missão, honrando os que vieram antes, com bases e raízes fortes, porém sem âncoras que nos segurem.

Além do conflito de separação, há também sintomas que aparecem por acometimento da derme, e que trazem a percepção de perda de proteção. A derme é a camada mais grossa da pele e mais antiga que a epiderme. Ela corresponde, na evolução, à pele dos répteis, que apareceu quando os primeiros animais deixaram as águas do mar e conquistaram a terra. As principais funções desse tecido são proteção (aos atritos mecânicos, aos raios solares), regulação de temperatura corporal (através das glândulas sudoríparas) e evitar perda de água (glândulas sebáceas).

O conflito da derme é uma perda de proteção. A pessoa se sente atacada na sua integridade, ferida, machucada, de forma real (física) ou simbólica (por julgamentos, olhares, palavras). O ataque físico pode acontecer, por exemplo, por um procedimento cirúrgico, uma injeção, um tapa, um toque indesejado. Essa percepção de se sentir atacado ou perder a proteção também traz mudanças de comportamento para a pessoa ao longo da vida. Na tentativa de ajudar a sentir menos essa dor, o cérebro cria um mecanismo, como se fosse uma carapaça, e o sentido biológico é evitar reviver a sensação. A pessoa passa a sentir menos, a demonstrar menos emoções, carinho e sentimentos. É difícil se emocionar, se abrir com os outros e dificilmente chora.

Depois de entendermos esses pontos principais sobre a origem das patologias na pele e os comportamentos, vamos falar de casos na prática.

Psoríase

A pessoa que desenvolve psoríase viveu conflitos de separação e de perda de proteção. Na epiderme, podem estar presentes descamação e formação de pequenas bolhas. Na derme, uma inflamação com a pele avermelhada.

A percepção é formada por dois conflitos inconscientes, com uma peculiaridade: "Eu resolvo um conflito, e isso me coloca em outro conflito".

Caso: mulher que vive uma relação difícil com a mãe durante toda a infância. Sente falta da atenção, do contato, e a percepção é de se sentir rejeitada. Com isso, tem muita vontade de sair de casa para estudar (conflito de separação com a mãe). Quando, enfim, consegue sair, entra em resolução, porém, isso a coloca em outro problema: a perda de proteção. Isso porque se sente desprotegida, sente insegurança e a falta do pai (acreditava que teria a proteção dele, até mesmo financeira, porém o caminho foi diferente, trazendo a percepção de desproteção). Ela desenvolveu psoríase nos cotovelos, na parte externa do antebraço (representa afastamento da mãe) e na nuca, onde se manifestam as inseguranças. Depois de vinte anos de manifestação, nosso processo terapêutico permitiu que ela ressignificasse e mudasse a percepção da sua história, com resolução das lesões.

Eczemas e dermatites

A pessoa desenvolve a lesão por viver um conflito de separação (ter perdido um contato ou medo de que aconteça uma separação) ou por não querer mais o contato, querer afastar, seja uma pessoa, um toque, um produto.

Na fase ativa de conflito, ocorre uma necrose no tecido epidérmico, que pode muitas vezes não ser percebido, ou ter um prurido local com pele seca. O sentido biológico é diminuir a sensibilidade local, para sofrer menos com a separação. Na fase em que a pessoa sai do problema, seja porque houve uma resolução ou porque acabou a situação de perigo, ocorre um quadro inflamatório no local para ajudar a pele a reparar o dano, e é nesse momento que aparecem as lesões avermelhadas.

Caso: criança que apresenta dermatite atópica nos glúteos. Mãe relata que lesões apareceram após a separação dela com o pai da criança. A sensação de separação foi sentida pela criança no glúteo, pois é onde ocorre o toque dos pais ao pegá-la no colo, e nas despedidas semanais ela revive a separação. Após fazermos um trabalho de mudança de percepção com a criança e os pais, houve resolução completa.

Urticária

Na maioria das vezes, um conflito de separação desejada, de querer afastar algo ou alguém para longe, em um clima de repugnância.

Vitiligo

Acontece na camada mais profunda da epiderme, onde se encontram as células de melanina. Há um forte desejo de separação, porém ela não acontece e há uma percepção de pureza. O sentido biológico da despigmentação é limpar, se livrar, apagar a sujeira que tocou a pessoa.

Acne

Conflito de perda de proteção com uma leve desvalorização de si. A pessoa se sente julgada por palavras, olhares ou comportamentos. Manifestação muito comum nos adolescentes, fase em que a opinião do outro importa bastante, pois sentem uma grande necessidade de se sentirem inseridos. Podemos resumir na frase: "Imagino que pensam algo de mim".

Cada região do corpo traz uma especificidade.

- Mento e mandíbula: se sentir desprotegida e desvalorizada por não poder se posicionar, falar o que pensa ou sente.
- Fronte: pessoas que pensam muito e não se sentem capazes de achar soluções.
- Costas: há a percepção de rumores ou tapas recebidos.

Queda de cabelo

Relacionada com conflitos de separação e perda de proteção, em um contexto de insegurança. Comum, por exemplo, acontecer após separações, internações, medos de perder alguém, situações que coloquem a pessoa em sensação de insegurança, que ela sinta que perdeu sua proteção.

As patologias são muitas, mas sempre vamos trazer esse sentido biológico dos tecidos da pele. O mais importante desse capítulo é tomar consciência do quanto a biologia é sábia e as alterações no seu funcionamento têm um motivo. Parar de brigar com o corpo muda a nossa vida, nos permite enxergar o motivo de passarmos por desafios, que sempre será evoluir e armazenar novas percepções, saindo do medo e da sobrevivência.

"Para encontrarmos nossa identidade, saber quem somos e o que queremos, é preciso existir uma separação com relação aos outros."

Lívia Miguel

Luciana Faissal

Meu nome é Luciana Faissal, natural de São José do Rio Preto/SP e resido em Santa Fé do Sul/SP. Sou filha de Arnaldo Merigui e Lenita Faissal Merigui. Sou cristã, casada com Narbal Silveira Junior e mãe de quatro filhos: Tiago, Mateus, Mariana e Ana Carolina. Sou também avó do Joaquim, da Raquel e do Miguel, que está a caminho.

Fisioterapeuta há mais de trinta anos e professora universitária há 26, com formação em Microfisioterapia, Leitura Biológica e Terapia Manual Evolutiva, já atendi mais de treze mil pacientes e sou impactada diariamente pelos resultados desse trabalho. Vejo as vidas dos pacientes mudarem encontrando a causa dos seus sintomas e o sentido de suas vidas. Isso é o que me move. Esse é o meu propósito: mostrar que a cura está dentro de você.

dralucianafaissal

lucianamerigui@hotmail.com

NÃO SEJA REFÉM DOS SEUS SINTOMAS

VOLTANDO AO MEU LUGAR

ENCONTRANDO SIGNIFICADO E PROPÓSITO NA VIDA

17

Por Luciana Faissal

Antes de prosseguir com esta leitura, saiba: este capítulo fará você resgatar coisas muito preciosas que ficaram à beira do caminho. Falo de uma jornada importante, que desde o início foi marcada por eventos singulares e, muitas vezes, inesperados. Sim, estou falando sobre sua vida, com todas as particularidades, bênçãos e lições que lhe couberam lidar até aqui.

É certo que cada um de nós traz consigo memórias. Estas, por sua vez, são registros de ordem mental e física. É importante que você saiba que tudo que vivemos pode nos gerar impacto, e biologicamente, imprimir, em nível celular, uma marca. Uma cicatriz. Dessa forma, podemos afirmar que um trauma, um conflito, uma perda, uma separação ou qualquer adversidade vivida pode nos travar e, consequentemente, fazer com que percamos o propósito e, em especial, o sentido de nossa vida.

A palavra "significado" quer dizer sentido ou relevância que se dá a algo ou alguém. "Propósito", por sua vez, é aquilo que se busca alcançar, um objetivo, algo intencional, um projeto definido. Veja só que interessante: encontrar um propósito é o que dará sentido às nossas vidas.

Quero ainda contar que, durante a busca pelo nosso lugar no mundo, certamente enfrentaremos situações inesperadas. Frente a elas, o sistema nervoso desenvolve um mecanismo biológico de defesa que se caracteriza por duas ações: luta ou fuga. Isso significa que, ora nos posicionamos para enfrentar os conflitos (luta), ora para fugirmos deles (fuga). Caso esse mecanismo biológico de sobrevivência falhe, o que chamamos de resolução de conflitos não acontece. Aí são geradas as doenças, seus sinais e sintomas, que podem ser de ordem física ou de comportamento.

E digo mais: a energia gasta para executar ambos é a mesma. Lutar ou fugir têm o mesmo "preço". Por isso, precisamos entender que desistir da vida e de viver nosso propósito não é uma opção. Esteja disposto a enfrentar todos os desafios que chegarem até você. Muito do que vivemos também pode ser influenciado pela nossa herança familiar. Isso mesmo, até nossa quarta geração pode "estar presente" na repetição dos padrões de comportamento, sejam eles bons ou ruins.

Existe ainda a carga transgeracional que precisamos considerar. Ela diz respeito às vivências dos genitores no período preconcepção (até 72 horas antes da fecundação), a concepção em si, o período gestacional, infância, adolescência e vida adulta. Tudo está intimamente ligado e pode ter efeito sob o que vivemos hoje e sob o que não vivemos também.

Seu DNA não possui apenas suas características físicas, como a cor dos seus olhos, dos seus cabelos e o tamanho do seu nariz; seu DNA também carrega as marcas das batalhas enfrentadas pelos seus antepassados. Um exemplo disso é um caso muito impactante: duas meninas, primas de primeiro grau, nasceram com ausência do dedo indicador da mão direita. Suas mães, irmãs e filhas do mesmo pai biológico não nasceram com nenhuma má-formação, mas a geração seguinte veio com esse quadro que chamamos de resolução.

Foi feita uma investigação com o intuito de identificar a causa da má-formação, e chegaram a um comportamento específico do avô biológico das meninas: durante um longo período de sua vida, ele foi matador de aluguel. O dedo indicador da mão direita é aquele que aciona o gatilho para matar. É como se o inconsciente das meninas dissesse: "Se eu nascer sem este dedo, jamais apertarei um gatilho". Por isso, a resolução do conflito aconteceu nelas. Forte, não é? Talvez seja por isso, por heranças inconscientes que você carrega da sua família, que você ainda não encontrou o propósito e o sentido da sua vida.

Agora, pergunto: Você já viu um corredor em uma maratona carregando uma mochila? Certamente, não. E na corrida da vida, o sentido é o mesmo. Por que insistimos em carregar bagagens tão pesadas, que nos atrapalham tanto? Talvez essa bagagem que você carrega nem seja sua! Você não precisa carregar pesos desnecessários que vieram de sua família para que isso não impeça você de crescer e ter uma história diferente. Você pode viver algo completamente novo, sem repetir os mesmos erros, nem viver os mesmos conflitos. E isso depende única e exclusivamente de você.

As crenças limitantes não são nossa culpa. Elas são o resultado da somatória de experiências vividas por nossos pais e os pais deles, e de um transgeracional que trouxe consigo feridas e cicatrizes. Por isso, bato na tecla de que a história que você escolhe viver não precisa estar firmada em um contexto de frustrações, fraquezas e fracassos. Você tem a oportunidade de fazer diferente.

Quero compartilhar a história de uma paciente que trará a compreensão do que é uma crença limitante na prática. Usarei um nome fictício para este relato. Vera chegou ao consultório com a queixa de dificuldade para engravidar. Com 30 anos de idade e casada há 6, ela relata estar tentando gerar há cerca de quatro anos. Seus exames relativos à fertilidade, bem como de seu marido, não apresentam nenhuma alteração clínica. Mas sua história tem indicativos muito fortes de relação biológica direta à sua queixa, uma vez que relatou ter vivido uma infância em um ambiente bastante hostil e que lhe traz memórias muito tristes. Seu pai era alcoólatra e opressor, e ela presenciou inúmeras vezes sua mãe ser agredida moral e fisicamente. Quando tinha 9 anos, seus pais se separaram e um processo de grandes desafios começou.

O ciclo de violência e opressão se encerrou, e deu-se início a um período de escassez e grande vulnerabilidade. Ela e seus três irmãos ficaram com a mãe em uma condição muito difícil. Neste relato, em especial, ela me disse que foi por muitos anos resistente ao casamento, até que as circunstâncias da vida a fizeram entender que essa era a melhor alternativa naquele momento. Perceba aqui quais são os elementos biológicos envolvidos nesse contexto: para procriar, uma mulher necessita primeiro de um parceiro, depois, quase como via de regra, do desejo de gerar. Por fim, precisa ter um ninho, uma casa, um lugar onde possa ter uma condição de segurança e acolher a nova vida que nascerá. Quanto à dificuldade de procriar, é como se o seu cérebro, inconscientemente, dissesse o seguinte ao seu corpo: "Se for para gerar uma criança e ela sofrer o que eu sofri, melhor não gerar". Então, o meu cérebro e as minhas memórias criam uma crença que me limita a viver o que desejo. Esses são mecanismos biológicos de sobrevivência que travam as nossas ações e nos impedem de viver o nosso real propósito.

Os ciclos se repetem, tudo é sempre igual. Na zona de conforto parece ser seguro, não há risco de dar errado, porque, na realidade, o que tinha que dar errado, já deu. Nesta condição, também não há a menor chance de coisas novas acontecerem, porque estamos o tempo todo nos defendendo dos riscos de viver a cura ou sermos transformados. Somos os maiores responsáveis por impedir que o real significado e propósito de nossas vidas se revele a nós, até porque isso demanda um gasto considerável de energia. Mas você se lembra que o gasto de energia para lutar ou fugir do seu propósito de vida é o mesmo? Então vale muito mais nos posicionarmos para fazer o que tem que ser feito, mudarmos nossa percepção e, consequentemente, nossa forma de sentir e agir diante dos fatos.

Para tanto, há uma sequência de movimentos que precisam acontecer para você sair da zona de conforto, abrindo mão das crenças limitantes.

1º) Eu me disponho a mudar, enxergo e admito o que tem me impedido de alcançar o que desejo.

2º) Executo tarefas para ressignificar meus conflitos.

3º) Coloco em prática a teoria e mudo o meu olhar, meus sentimentos e meus comportamentos.

4º) Mantenho a constância no intuito de viver coisas novas.

A partir daqui, quero que você traga à memória todas as situações que viveu e que considera ter sido uma grande dificuldade, aquilo que você considera um grande conflito. Tudo que viveu e que causou dor e fragilidade será a mola propulsora para que você vá mais longe. Os eventos traumáticos não devem criar em nós uma "armadura", mas uma vitrine. Nessa vitrine estarão todas as medalhas e os troféus que você conquistou porque se tornou mais forte a cada batalha! Lembre-se que o cérebro é capaz de ressignificar os traumas e conflitos, nos tornando muito mais fortes ao enfrentarmos a vida. Afinal, o sentido e o propósito dela são muito maiores do que as circunstâncias.

Vou ensinar alguns caminhos e recursos para que você encontre o significado e o real propósito de sua vida. Coloque-se em uma nova posição: baixe a guarda, você pode ser vulnerável agora (o que não quer dizer que deve se portar como "vítima da vida"); abrace as mudanças e faça o que tem que ser feito.

Você pode iniciar identificando suas habilidades, seus dons e suas motivações reais que impulsionarão suas ações e decisões na vida. Isso poderá nos fazer recomeçar do zero. Se pensar em desanimar, lembre-se: viver seu propósito não irá impactar somente a sua vida, mas também àqueles que estão à sua volta.

Observe o modelo a seguir e faça seu *checklist*.

1. Identifique seus valores pessoais.
2. Aponte suas reais habilidades e o que você gosta de fazer.
3. Estabeleça prioridades e metas.
4. Defina as ações para fazer acontecer.
5. Faça algo que proporcione soluções a um grupo de pessoas.
6. Busque sempre o autoconhecimento.
7. Continue constante na busca de conhecimento específico sobre a sua área de atuação.
8. Cultive sempre sua saúde e bem-estar.
9. Olhe para os resultados com otimismo.
10. E o mais importante: pratique o contrapensamento. Todas as vezes que achar que não vai conseguir, mude imediatamente essa crença limitante. Os seus pensamentos serão os maiores aliados para seu crescimento e sua mudança de vida.

Agora você já sabe o que fazer e o caminho a seguir para encontrar seu propósito e o sentido da sua vida. Espero ainda ter a oportunidade de cruzar com você nesse caminho!

"É parte da cura o desejo de ser curado." (Sêneca)

Referência bibliográfica

SÊNECA. *Sobre a tranquilidade da alma. Sobre o ócio*. Tradução, notas e apresentação José Rodrigues Seabra Filho. São Paulo: Nova Alexandria, 1944.

“Encontrar seu propósito é o que dará sentido à sua vida.”

Luciana Faissal

Manuela Fadul

Sou Manuela Fadul, soteropolitana e viajante. Atuo como terapeuta integrativa com foco na Nova Medicina Germânica e atendo on-line em português e inglês (e outras línguas no futuro!).

Trabalhei mais de uma década no mundo corporativo, imersa em planilhas, cafés e *deadlines*. Descontente, fiz uma pós em Recursos Humanos, atuei na área e continuei infeliz. Mal sabia eu que, apesar de tudo, estava no caminho certo, pois deste descontentamento entrei na terapia e, a partir daí, de fato me encontrei – e continuo a me encontrar.

Hoje, eu ajudo pessoas com a linha de terapia que me mostrou o caminho da autocura, e aprendo sempre algo novo com elas.

manuelafadul.terapeuta

+55 (71) 99696-5586

www.manuelafadul.com.br

NÃO SEJA REFÉM DOS SEUS SINTOMAS

VOLTANDO AO MEU LUGAR

VOCÊ TEM MEDO DE QUÊ?

18

Por Manuela Fadul

Um rapaz que atendi sofria por não conseguir finalizar nenhuma formação. Ele sofria, pois se sentia incapaz, inseguro, tinha medo de não prosperar. Ele não entendia o porquê, pois desejava muito se formar. Na sua infância, ele interrompeu os seus estudos para trabalhar com o pai e ajudar no sustento da família.

Neste momento, ajudando-o a compreender o seu medo, através também de outros acontecimentos da sua história, ele entendeu que o seu cérebro armazenou a informação básica de que "estudar é perigoso". Com isso, ele ressignificou essa memória, internalizou que aquele medo não lhe era mais útil e se formou.

Esse é um exemplo claro de um medo **inútil** e limitante e de como o nosso cérebro, através das nossas experiências, influencia as nossas decisões.

Primariamente, o medo nos **protege**. O medo impede você, por exemplo, de abraçar um leão faminto que vem correndo em sua direção. O medo pode impedir você, também, de largar a sua carreira de vinte anos em um grande banco que lhe dá toda a estabilidade do mundo e seguir o seu sonho de ser o dono de um restaurante na beira do mar no nordeste brasileiro. Este último medo protege você? Sim. É benéfico e funciona para você? Só você pode decidir. Porém, creio que em muitos casos a resposta é "não".

É aqui que talvez você comece a viver muito mais os seus medos. Você quer fazer algo, sabe que é bom, sabe que vai ser benéfico, sabe que vai lhe ajudar a resolver outros pepinos, mas... "Tenho medo". E esse medo pode ser traduzido de diversas formas: "E se não der certo?", "E se ela não me quiser?", "E se eu não ficar rico?", "E se a outra opção for melhor?", e se, e se...

Eu não estou dizendo a você que se demita agora ou algo similar, não é isso. O que quero dizer é que você vai vivendo a vida e, de repente, olha para trás e nota que deixou de fazer coisas que sempre desejou fazer por medos que não precisa mais. Você deixa de ser quem você quer ser por medo de não ser aceito, por medo de não satisfazer a quem você ama, por medo de falhar, por medo de abrir mão de certas coisas, por medo da vergonha.

Os medos restringem você e, essencialmente, impedem você de firmar a sua identidade no mundo. Esta é a grande e real consequência dos medos, pois os medos inúteis **não** lhe definem.

Quem é você hoje e quem é você sem os seus medos limitantes?

O medo não lhe coloca na categoria dos "covardes". Ninguém é ausente de medos. Reconhecer e encarar os seus medos é muito mais corajoso do que você imagina. Existem medos que talvez você carregue por toda vida. Talvez você aprenda a gerenciá-los. Talvez não. No entanto, o xis da questão é não deixar estes medos lhe controlarem e decidirem por você.

Quando eu decidi que a carreira que eu havia investido tempo e recursos por mais de uma década não me servia mais, eu descobri um novo medo – ou melhor, alguns novos medos. Através da terapia da Nova Medicina Germânica, eu adquiri um autoconhecimento que nunca havia adquirido antes. Eu compreendi como a minha mente funciona e me tornei consciente de muitos processos – e medos – inconscientes. Eu decidi que o medo de mudar de carreira era inútil e ao longo da jornada de mudanças eu vou descascando as camadas da cebola e descobrindo e ressignificando outros processos inconscientes.

Ok, mas como o nosso cérebro entra nessa história? O cérebro tem um objetivo bem claro: **sobreviver**. Ele reage de forma instintiva, como os animais. Através das experiências que você vive, ele vai captando e armazenando informações, alocando-as em diferentes arquivos com temas distintos, como "pai", "mãe", "parto", "infância", "relacionamentos" e por aí vai. Nestes arquivos também constam memórias de experiências vividas pelos nossos pais, avós e outros ancestrais. Todas estas informações servem de "recursos" para lidar com experiências futuras.

No exemplo do rapaz que atendi, quando ele parou de estudar para ajudar no sustento da família, o seu cérebro armazenou a informação de que estudar era um "perigo". Biologicamente falando, estudar não o ajudava a sobreviver, ou seja, se ele tivesse decidido continuar os estudos e não trabalhar com o pai – mesmo que ele não pudesse fazer isto, pois era uma criança –, o seu cérebro interpretou que ele poderia, por exemplo, ser rejeitado pelos pais, não ser integrado à família, perder o seu lugar no clã e tudo isto enfraqueceria as suas chances de sobrevivência.

Então, sempre que o rapaz começava a estudar, o seu cérebro lhe alertava no intuito de protegê-lo, e a consequência disto era o medo. Em outras palavras, o seu cérebro não entendia de forma racional que o perigo já não existia mais. Este é o processo inconsciente que todos nós vivenciamos. Muitas vezes, não nos damos conta do "modo automático" que levamos a nossa vida.

Eu digo que o motivo pelo qual o ser humano tem uma tendência a ver notícias ruins é porque talvez seja desta forma que o cérebro busca coletar "recursos" para se prevenir contra possíveis perigos. Já ouvi muitas pessoas dizerem: "Pare de ver isto, você vai ficar doente!". Com base no conhecimento e experiência que tenho na influência da mente no corpo, eu não posso discordar. Mas, calma! Isso não significa que notícias ruins vão lhe adoecer ou são as raízes do seu adoecimento.

Você talvez já tenha desenvolvido um sintoma físico que surgiu a partir de medos. Através da Nova Medicina Germânica, nós compreendemos que o cérebro é dividido em diversas partes que controlam certos órgãos e tecidos. As causas dos sintomas são bem definidas e, por exemplo, se uma pessoa teve um tumor nos ductos da tireoide, eu sei que ela viveu um grande medo, sentindo-se sem saída, de mãos atadas, talvez tenha sofrido uma imposição, algo que ela não podia controlar. Sei também que ela resolveu esta situação antes do surgimento deste câncer – mas esta explicação vai ficar para outra conversa.

Se você tem miopia, eu sei que você viveu medos relacionados a algo que você não podia prever, por exemplo, de perder o lar, de perder o emprego, de levar uma multa, são medos de "coisas". E você vive ou viveu este medo diversas vezes. Um processo similar acontece com a catarata, porém este medo está sempre relacionado a uma pessoa que o seu cérebro enxerga como "predador", como um ex-marido que ameaça você, um professor, até mesmo agentes da receita federal ou alguém que está de olho na sua herança.

Eu poderia citar diversos sintomas que são desencadeados por medos. Todos eles têm um propósito **biológico**, ou seja, não surgem por acaso. No exemplo da catarata, o propósito biológico é embaçar a vista para que a pessoa se proteja visualmente deste "predador". Uma pessoa que desenvolve um tumor no fígado está vivendo um medo inconsciente de "passar fome", ou seja, ela pode, por exemplo, ter de fato vivido uma falta de alimento, pode ter sido demitida e temido não poder mais sustentar a família – o que o cérebro interpreta como "alimentar" a família – ou ter perdido muitos clientes e isso ativou este medo.

Muitas pessoas desenvolvem paranoia devido aos medos e começam a achar, por exemplo, que estão sempre sendo vigiados ou perseguidos. Se você sofre um assalto e isto lhe impacta, você pode começar a achar que todos na rua vão lhe assaltar. Isto pode progredir e ativar outros medos. O paranoico nunca é "paranoico", pois por mais que ele tenha medo de algo que de fato não está ali, o seu medo é baseado em algo real que ele viveu, mas não sabe disso.

Em essência, o sintoma que você tem hoje está lhe dando uma oportunidade de olhar e ressignificar os seus medos. Muitas pessoas que atendo – independente do sintoma ou dificuldade que querem resolver – falam sobre o quão elas não conseguem tomar as decisões que as direcionam para os objetivos que elas querem atingir. Falam sobre o medo de tomar decisões erradas. Este talvez seja o medo de muitos, inclusive o seu.

Mas, acredite, você nunca estará no caminho errado – por pior que ele seja. Você pode ter se arrependido de decisões que tomou ou não tomou, mas naquele momento você não podia ter feito diferente, pois naquele momento você não tinha a consciência que você tem agora. Pois se você conseguisse tomar outra decisão, você o teria feito – sem dúvidas. E a tendência é que você continue mudando esta consciência e aprendendo com as suas próprias decisões – ou indecisões.

O caminho que você quer percorrer só vai surgir quando você se desapegar, principalmente se desapegar dos medos das consequências que as suas decisões podem acarretar. E se desapegar dos medos inúteis e limitantes, olhando para eles, compreendendo-os, aceitando-os e liberando-os.

Se uma decisão não lhe trouxe o resultado desejado, tente outra vez e faça diferente desta vez. Você pode estar pensando agora: "Nem sempre vamos ter outra chance de fazer diferente". E eu digo que até nisso se esconde um grande aprendizado e, muitas vezes, com base na minha experiência, um objetivo totalmente diferente que antes era impensável ou inalcançável se torna desejado e realizável. Não estou dizendo que deixe a vida levar você, e sim confie nas suas escolhas e saiba que através delas você vai encontrando o seu ouro no caminho.

O medo, então, é uma oportunidade.

Você hoje está tendo a chance de olhar para os seus medos com outros olhos, entendendo que eles não são bichos de sete cabeças. A Nova Medicina Germânica pode lhe mostrar o que os seus medos querem lhe dizer e quais mudanças estão sendo demandadas pelo seu corpo. Assim, você se torna mais "você", ficando cada vez mais próximo da sua identidade e propósito.

O meu papel nisto tudo é lhe ajudar, oferecendo o suporte que tanto precisamos nesta jornada de autoconhecimento e transformações.

E, então, você tem medo de quê?

"O medo é uma oportunidade mostrando o que você precisa fazer para se aproximar cada vez mais da sua identidade e do seu propósito."

Manuela Fadul

Maria Inêz Guimarães

Meu nome é Maria Inêz Guimarães Salvo, tenho 50 anos, sou natural de Caçu/GO e resido atualmente em Rio Verde com minha linda família. Sou casada com o Joel e mãe de três filhos: Matheus, Nathalia e Isabella (*in memoriam*), que nos deixou aos 24 anos para ser a mais bela estrela do universo.

Atualmente, sou gestora de uma empresa, onde aprendo a cada dia que ser líder não é impor, e sim despertar a vontade de fazer sempre o melhor. De todas as minhas funções, ser mãe é a mais gratificante.

Dedico este capítulo a Deus e às pessoas mais importantes da minha vida e que me apoiaram: meu esposo, minha filha Nathalia, nossa eterna Isabella e a minha mãe Odete, que me deu a vida.

inezgsalvo

+55 (64) 99952-6526

inezgsalvo@gmail.com

DESAFIO DA AUSÊNCIA 19

Por Maria Inêz Guimarães

Poder dividir com vocês, leitores, esse momento da minha vida não deixa de ser, para mim, desafiador e ao mesmo tempo um alívio, um desabafo. Descrever tudo isso não tira a dor do meu luto, e nem a de vocês, mas leva muitas pessoas a reviverem situações semelhantes à minha. Espero que ao ler meus relatos vocês possam abrir seus corações com essa dor e sejam abraçados pela leveza do amor de Deus.

Não sabendo por onde começar a descrever este capítulo, com tanta coisa que me desafia, começo pelo maior deles: 16 de junho de 2023. Uma manhã fria e nublada, com leve chuva, dia em que todos nós estávamos ansiosos para viajar. Muitos planos, roupas escolhidas para compromissos e momentos que teríamos de diversão na capital do nosso estado.

Mas, o destino foi cruel, e na manhã do dia 16 de junho, minha Bella, como vou me referir quando eu falar da Isabella, saiu de casa às 5h da manhã e pegou estrada cheia de planos, para não mais voltar. Todas as manhãs saio no portão de casa com meus *pets*. Como nesse dia estava nublado e chuvoso, já me bateu um sentimento que ela iria pegar muita neblina na estrada. Fiquei angustiada com aquele tempo, sabendo que a Bella tinha saído cedo, preocupada com a estrada, e as horas foram passando. Às 8h da manhã, mais ou menos, hora essa que ela estaria chegando em Goiânia, seu telefone não entendia; seu esposo, Luis Claudio, mandou mensagem preocupado e já me bateu um dor no peito e a voz de Deus falou para mim que algo estava errado. Comecei a ligar para o meu esposo, minha filha, minha sobrinha em Goiânia, amigos que são bombeiro e policial, acionei tudo o que podia para que eu tivesse notícias o mais rápido possível da minha filha. Quando foi entre 9h e 10h da manhã, tivemos a notícia do acidente. Meu mundo se abriu em um buraco sem fim. Pessoas foram chegando, amigos, família, notícias que ela estava bem, outras que não, a cidade toda estava se movimentando. Eu estava apegada a Deus e à Nossa Senhora, por todos os milagres que já fez na minha vida, tinha certeza de que ela não iria me abandonar. Imaginava a Bella sozinha, sem ninguém da família, mas Deus estava com ela e não ia abandoná-la, e eu logo estaria lá para segurar sua mão.

Um milhão de coisas passaram na minha cabeça, onde ela estava, com quem estava, quem tinha a socorrido. Estava organizando meu carro para ir ao encontro dela, querendo notícias, cada hora uma coisa e assim segui para Goiânia, onde ela tinha sido levada. Gratidão a todos nossos amigos, que não mediram esforços para estarem conosco nesse momento de dor e aflição.

O caminho parecia uma eternidade. Nathalia e eu segurávamos forte as mãos, rezávamos e implorávamos a Deus pela vida da Bella. Quando chegamos em Goiânia, no hospital HUGO, foi permitido que entrássemos para vê-la. Meu Deus! Minha filha estava imóvel, linda como sempre, sem nenhuma fratura aparente ou corte. O trauma foi muito forte, mas no crânio; ela estava entubada, respirando só por aparelhos, não senti mais ela perto de mim. Minha fé era o maior dos meus sentimentos naquele momento, acreditava em um milagre. Os médicos não omitiram nada, as notícias eram que ela não estava reagindo, aquilo me dava ansiedade. Um traumatismo grave, cérebro inchado, as primeiras horas eram fundamentais. Pediram para irmos para casa, que eles estavam a estabilizando para levá-la para a UTI. Com coração partido, saímos daquele local, rodeados de amigos que levarei para vida toda, pois estavam com a gente no momento mais difícil de nossas vidas.

Às 3h da manhã, na madrugada do dia 17 de junho, o telefone do meu esposo toca, chamando para irmos ao hospital. Nós nos levantamos apressados e assustados, algo já dizia que as notícias não seriam boas, o hospital não iria ligar àquela hora. No caminho, já liguei para nosso amigo médico, Dr. Flávio Garofo, que nos acompanhou até a sala, onde estava com a equipe médica. Olhares perdidos, sem brilho, e a notícia que nos tirou o chão: "Infelizmente ela não resistiu. Tentamos de tudo, mas ela não reagiu" "Senhor, Senhor, porque me abandonaste?", esse foi meu pensamento.

Entre lágrimas, gritos, desespero, não tinha palavras para questionar os médicos e nem a Deus. Amigos e familiares se comoveram com tudo que estava acontecendo naquele momento, sem saber por onde começar essa nova etapa. O Dr. Flávio acompanhou a parte burocrática do hospital para nós e as demais liberações, minha sobrinha resolveu. Partimos para Rio Verde, onde o corpo seria velado. Ela foi velada na noite do dia 17 para 18 de junho de 2023 e seu sepultamento foi às 9h da manhã. Com muitas coroas de flores e uma multidão de pessoas, percebi que ela era grande e uma autoridade de Deus. Foi nesse momento que descobrimos que ser uma pessoa do bem e ter amigos é o bem mais precioso desse mundo, que nesse momento de dor eles não nos abandonam. Suportei tudo do início até o fim ao lado da minha Bella, onde a levei para seu descanso eterno.

Primeiro dia, segundo dia, e assim os dias foram passando sem a presença física da nossa Bella. A casa cheia de família e amigos, orações todos os dias, até a sua Missa de Sétimo Dia. Não conseguíamos comer nem dormir direito e em uma noite, nessa primeira semana de luto, estava na sala com a Nathalia e vivi um milagre. Nossa Senhora veio me visitar; minha sala ficou toda azul, iluminada pelo seu manto e tive a certeza de que a Bella estava sendo cuidada pela Nossa Mãe Maria.

Na minha devoção por Nossa Senhora, sempre pedi que cuidasse das minhas filhas onde eu não poderia cuidar e ela me mostrou o seu cuidado e a força da minha fé. Mesmo com essa certeza, a saudade, a dor do luto e os questionamentos apareceram a todo momento na minha mente: "Por que não fui com ela? Por que deixei ela ir sozinha? Ela poderia ter ido mais tarde ou de carona. Dirigi tantas vezes para ela e esse dia eu não fui". Isso leva a crer que seu dia estava determinado por Deus, dia, hora e local.

Em tudo que vivemos de terror desse acidente, quero deixar aqui a minha gratidão ao bombeiro Leonardo Lacerda, esse herói que ao passar no local do acidente à paisana, não hesitou em prestar socorro, parou e retirou minha Bella do carro antes que ele fosse totalmente tomado pelas chamas. Deus colocou esse anjo em forma de ser humano para permitir que o socorro ocorresse da forma correta e para que as informações fossem direcionadas aos bombeiros e eles chegassem logo ao local. Deixo aqui minha eterna gratidão a todos que prestaram os primeiros socorros à minha filha: caminhoneiro, bombeiros, médicos e enfermeiros.

Hoje, escrevendo essas palavras com mais de 365 dias de sua partida, em que vivo com um silêncio interior, onde procuro a cada dia alimentar minha fé e seguir, desafiando dia a dia os mistérios dos desígnios de Deus na minha vida. Sigo contando os dias de sua ausência, um calendário sobre a minha mesa de trabalho é marcado à caneta, dia a dia. Isso, às vezes, me leva a pensar que em breve iremos nos encontrar, mesmo sabendo que os dias só vão aumentando e que a morte ainda é um mistério a todos nós, leigos da palavra que Deus nos deixou.

Mas a Bella era diferenciada: aos 14 anos, decidiu seguir a Deus em outra religião que não era a tradicional da nossa família e seguiu fielmente os ensinamentos do nosso Criador. Isabella era uma pessoa linda por dentro e por fora, evangélica, temente a Deus, médica formada há um ano e meio, fazia o bem, não tinha maldade no seu coração, fazia amigos por onde andava, adorava a natureza, cachoeiras eram sua terapia de paz e renovação de energia interior.

Ficamos com esse buraco no peito e sem entender sua partida tão precoce. Hoje, observando cada detalhe que ela deixou escrito ou pelas suas atitudes, tento entender que sua missão aqui foi cumprida com muita maestria. Somos alimentados pela fé e pela certeza que temos que cumprir nossa missão aqui com dignidade, até o dia que Deus permitir nosso reencontro, pela força maior que é nosso Criador e por termos que seguir uns pelos outros, unidos em uma força tripla de fé que nos move em uma única direção.

Nossos dias eram perfeitos, nossos almoços de família, nossos Natais, aniversários, festa de formatura, até nossas discussões terminavam em harmonia. Tudo foi feito com muito carinho, criamos e educamos as nossas filhas para serem pessoas do bem.

Hoje, vivo um dia de cada vez, trabalho muito. Por mais que tenham dias em que o corpo e a mente queiram ficar no silêncio de um vazio, mas não me deixo levar, procuro forças na menina especial que ela era, dedicada, estudiosa, amorosa e fiel a Deus, e na minha força física de hoje que é a Nathalia, preciso seguir por ela. Sempre haverá dias mais difíceis, só que cada amanhecer trará uma razão de seguir um novo pôr do sol e sempre poderei contar com o alicerce que é minha família, a minha base, e os amigos que nunca me deixaram só, sempre me apoiando e me fazendo sentir que o propósito de Deus é maior que a dor e a saudade.

Quero dizer às mães que lerem este capítulo e que de alguma forma perderam seus filhos: tenham força para seguir, são dias e noites difíceis, eu ainda vivo o luto intenso. Tentei fazer terapia, mas ainda não me identifiquei; procurei um médico psiquiatra, que me ajudou muito – estou medicada há um ano –, e isso tem me auxiliado nessa sustentação de viver um dia de cada vez. Não deixe de procurar ajuda, apegue-se ao que sustenta você, e o mais importante de tudo é seguir sempre. Só nós sabemos do nosso luto e do nosso tempo; ainda estou no desapego das coisas materiais dela, assim como sei que várias mães também passam por isso. Tenho certeza que, na hora certa, estarei pronta para viver essa situação, mesmo sabendo que se ela pudesse, me diria: "Mãe, o que não servir para você e a Nathalia não quiser, outras pessoas podem estar precisando".

Finalizo este capítulo com a mensagem: não deixe de viver cada momento da sua vida intensamente, não deixe para amanhã o que você pode viver hoje, perdoe sempre.

“Entre tempestades,
trovões e trovoadas,
sempre haverá um novo
amanhecer com um
arco-íris para colorir
nossas vidas.”

Maria Inêz Guimarães

Mariana Pinhatari

Prazer! Meu nome é Mariana Pinhatari, sou psicóloga clínica e mentora de mulheres. Ao longo de minha trajetória, acumulei mais de oito mil horas de atendimentos e mentorias, acolhendo pacientes e alunas, de forma individual ou em grupo, pelo Brasil e exterior.

No decorrer da minha carreira, fui me redescobrindo enquanto profissional e mulher, e viver minha própria transformação despertou o desejo de levar a mudança e a ressignificação para mais mulheres, nascendo, então, o método totalmente focado em autoestima e empoderamento emocional.

Sou completamente apaixonada pelo meu trabalho, aprendo muito com cada história que chega até mim e prezo por acolher cada uma delas com muito respeito e carinho.

marianapinhatari.psico

+55 (19) 99655-1464

ma.pinhatari@hotmail.com

NÃO SEJA REFÉM DOS SEUS SINTOMAS

VOLTANDO AO MEU LUGAR

O PODER DO AUTOAMOR - RESSIGNIFICANDO SUA HISTÓRIA

20

Por Mariana Pinhatari

Imaginei várias formas de iniciar esse texto, mas não consigo começar de outra que não seja esta: como ser mulher é desafiador! Você já parou para observar o quanto somos cobradas e criticadas todo o tempo? A mulher sempre é alvo de projeções e rótulos que, no fundo, não dizem nada sobre quem ela realmente é.

Se olharmos para o desenvolvimento da sociedade, historicamente, nós, mulheres, sempre fomos alvo das repressões, dos padrões e das idealizações de comportamento. Mas, com o tempo, ganhamos força e lutamos por muitas coisas, conquistamos territórios que antes nunca foram possíveis. Hoje, estamos à frente de empresas, na política, temos voz e podemos escolher qual o melhor caminho para nossa própria vida. Mas, apesar de tudo, a realidade é que muitas de nós ainda nos sentimos sufocadas, diminuídas, desvalorizadas. Ainda nos colocam em lugares nada confortáveis de estar. Nosso corpo é comparado, nossa capacidade é questionada, nossas ações nunca parecem ser boas o suficiente.

Tudo isso tem consequências. Muitas vezes, crescemos acreditando que não somos capazes ou que não somos boas o suficiente, dentre tantas outras imposições que nos são feitas, e, infelizmente, muitas tomam isso como verdade, tornando-se mulheres inseguras e sem confiança sobre si mesmas, sobre seu potencial, sobre seu valor e sobre suas decisões.

E preciso dizer que eu também já vivi todas essas inseguranças e medos. Por muito tempo não acreditei em mim mesma, não me sentia confiante e isso tinha um impacto direto em minha vida. Tinha medo de ser eu mesma e ser criticada, de ser julgada por minhas decisões, de não me enquadrar nos padrões, não confiava nas minhas escolhas e nem valorizava a mim mesma. Mas eu cansei. Cansei de me sentir assim, cansei de anular minha verdadeira essência e tive que tomar uma decisão: ou despertava meu verdadeiro eu ou seguiria sofrendo por não me encontrar.

Pouco a pouco fui me redescobrindo, passei a me ver de forma mais valorosa e carinhosa, e isso me despertou. Investi em meu autocuidado, descobri que sou capaz, que posso e que devo me amar pelo que sou, e tenho muito orgulho disso. Mas viver tudo isso me gerou uma inquietação, eu não queria sentir isso sozinha, eu almejava que outras mulheres pudessem vivenciar isso também e descobrir a intensidade de se conhecerem e de se amarem por ser serem elas mesmas.

Desvendando a autoestima

Ao longo desse caminho, tive que fazer algumas descobertas, não só para meu próprio processo, mas também para poder acolher e auxiliar as mulheres que chegavam até mim. Comecei a estudar sobre autoestima, pois fui percebendo que normalmente ela é associada somente à relação que estabelecemos com nossa imagem corporal, mas vai muito além disso. Ela está ligada à nossa percepção total de nós mesmas, a forma como nos vemos, o quanto nos sentimos capazes, qual nosso potencial, quais são nossos limites, e assim por diante.

Stefanie Stahl (2024), em seu estudo sobre o tema, afirma que a autoestima determina nosso estilo de vida, nossa satisfação com a mesma, e tem influência direta em nosso mundo afetivo e social. Segundo a autora, quem convive com a autoestima fragilizada sofre com dúvidas constantes sobre si mesma, além do medo, da vergonha e da dificuldade em confiar em suas próprias capacidades, atribuindo a si mesma pouco ou nenhum valor.

Fato é que falar sobre isso sempre é algo muito complexo, porque a autoestima não é um único ponto a ser avaliado ou trabalhado. Ela tem nuances e detalhes que, muitas vezes, não são vistos facilmente, mas que tem um impacto muito grande no dia a dia. Walter Riso, em seu livro *Apaixone-se por si mesmo* (2011), complementa essa ideia e discorre sobre o tema, explicando que ela é composta de conceitos base, que juntos fazem dela o que ela é, e ao longo da vida e das experiências, eles se integram e caracterizam a sua forma de viver e de se perceber.

Por exemplo, a forma como você se vê e se trata; o que você pensa sobre si mesma; como você lida com suas qualidades e defeitos; como se sente quando se depara com sua imagem; se é confiante; se se sente capaz e merecedora de suas conquistas; tudo compõe sua autoestima, fazendo de você quem você é. Logo, quando falamos nela e, principalmente, em como cuidar dela, devemos olhar para todos os conceitos e para o impacto que eles têm em seu dia a dia.

Claro que temos que considerar que não conseguimos mudar o passado, mas podemos mudar a forma de nos relacionarmos com ele e de nos percebermos desse ponto de nossa vida em diante, já que ela é uma condição humana aprendida e desenvolvida por meio de nossas experiências e vivências sociais. Por isso, ainda hoje, mesmo com tantas barreiras vencidas, temos muitos conflitos internos gerados por comparações, padrões impostos e críticas que tentam ditar quem deveríamos ser (Riso, 2011).

A partir dessa percepção, fica o questionamento se a sociedade vai continuar impondo e criando padrões irreais que influenciam em nossas vidas. Será que não cabe a cada uma de nós quebrá-los para podermos viver bem com quem realmente somos? Reconhecer que algo causa sofrimento e que tem um impacto direto em sua vida é, talvez, uma das percepções mais doloridas que podemos ter, pois olhar para nossas feridas dói.

Ressignificar, por definição, é dar um novo sentido para algo, mas eu sei que fazer essa tomada de consciência pode ser desafiadora. Muitas vezes, não nos damos conta do quanto nos diminuímos e nos desvalorizamos e, principalmente, do impacto que isso tem em nossas vidas até isso se tornar consciente. Cada uma das feridas anteriores precisa ser cuidada para que você consiga seguir apesar delas, e a partir do momento que isso é possível, a relação que você estabelece com seu íntimo se torna mais leve e tudo muda.

Mas essa mudança precisa começar em nós mesmas e saber que pontos precisam ser trabalhados colabora para seu processo. Portanto, viver esse momento da descoberta é essencial, pois a partir daí o despertar realmente começa a acontecer, dando um novo sentido para a forma de se relacionar consigo mesma, levando você a uma nova forma de viver.

Da ressignificação ao autoamor

Observo em minha prática que quase a totalidade das mulheres se sente fragilizada quando o assunto é autoestima. Em algum momento, todas foram julgadas ou criticadas por serem quem elas são, e os impactos ao longo da vida são diversos. Medo constante do olhar do outro, dificuldade em se expor, receio em assumir seu real desejo diante da vida, dependência emocional, relações disfuncionais, dentre tantas outras coisas que as impedem de viverem bem com elas mesmas.

Mas preciso dizer que é possível viver de outra forma e se sentir mais segura, confiante e se amar pelo que você é, desde que você esteja disposta a viver o processo. E uma boa maneira de iniciar e que é primordial para o despertar, é se conhecer. Então, primeiramente, você precisa se permitir identificar a forma como você se vê. Tire um tempo para olhar para seu íntimo, bem profundamente. Observe como você se relaciona consigo mesma, olhe-se verdadeiramente e faça alguns questionamentos que conectam com seu interior, permita-se fazer perguntas como:

- Quando me olho no espelho, eu gosto do que vejo?
- Quando penso em mim mesma, quais características aparecem com mais intensidade em minha mente?
- Eu me sinto capaz para exercer minhas atividades?
- Quais são minhas qualidades?
- Quando foi a última vez que comemorei uma conquista?
- A opinião do outro me impede de fazer aquilo que desejo?

Ao começar a tomada de consciência sobre si, lembre-se de não ser tão crítica diante das descobertas que pode fazer, acolha suas respostas e se olhe com carinho. A partir daí, comece a refletir sobre o que você encontrou, não tenha vergonha do que descobriu nem de assumir que algumas coisas precisam mudar.

Conhecer a si mesma fortalece a sua relação com seu íntimo, ajuda você a desconstruir crenças que impedem você de seguir, faz com que você assuma a sua responsabilidade diante de muitas de suas dores. E quando falo em se conhecer, quero que você nomeie seus sentimentos; saiba quais são seus sonhos e desejos, quais são suas prioridades, que decisões ou que ações você terá para mudar e conquistar aquilo que deseja.

Claro que também preciso dizer que estar bem consigo mesma não significa que você não irá mais se sentir insegura ou com medo em alguns momentos, isso é natural e humano, acolha esses momentos e trabalhe o que for necessário.

Lembre-se de viver suas qualidades e reconhecer seus defeitos, estabeleça seus limites, diga não quando for preciso, valorize as pequenas conquistas diárias e aprenda com seus erros, mas, principalmente, não se compare com o outro e viva o seu processo, ele é único e só você sabe das dores e prazeres que ele dará a você!

Saiba que não é errado você se cuidar, coloque-se no seu próprio radar. Faça coisas por e para você! Isso não torna você egoísta nem anula a sua relação com o outro; você pode sim continuar cuidando e dando atenção aos que estão a sua volta, mas a grande questão é que você também deve e merece se cuidar!

Antes de terminar, eu preciso dizer: não deixe ninguém definir quem você deveria ser. A sociedade sempre terá algo para dizer, sempre haverá uma crítica ou uma comparação, você fazendo ou não o que eles esperam. Então, não se prenda a algo que não diz nada sobre você para deixar o outro confortável, enquanto você vive o desconforto. Nenhuma de nós será igual e isso é maravilhoso, porque cada uma tem sua essência, o que nos torna únicas. Você é especial por ser quem você é.

Referências bibliográficas

RISO, W. *Apaixone-se por si mesmo*: o valor imprescindível da autoestima. São Paulo: Planeta, 2011.

STAHL, S. *Como fortalecer sua autoestima*. Rio de Janeiro: Sextante, 2024.

“Nenhuma de nós será igual, e isso é maravilhoso, porque cada uma tem sua essência, o que nos torna únicas.”

Mariana Pinhatari

Mauricio Darzé

Sou Mauricio Darzé, natural de Salvador/BA, casado com Carolina Almeida e pai dos gêmeos Murilo e Carolina. Mentor de terapeutas e professor em cursos de pós-graduação.

Hoje, com mais de trinta formações na área do desenvolvimento humano, especializei-me em decodificar a origem biológica dos sintomas. A partir daí, desenvolvi três métodos de atendimento focados na identificação e resolução de traumas biológicos através de um acesso gentil a memórias corporais sem transe hipnótico, regressão ou catarses. É este passo a passo que compartilho com outros terapeutas através dos meus cursos.

Agora quero compartilhar com você essa jornada emocionante e gratificante!

mauriciodarze

+55 (71) 99969-9880

contato@mauriciodarze.com

https://eac.mauriciodarze.com/rsb

NÃO SEJA REFÉM DOS SEUS SINTOMAS

VOLTANDO AO MEU LUGAR

A CURA DA OSTEOPOROSE ESTÁ NAS SUAS RELAÇÕES

21

Por Mauricio Darzé

Eu quase tive osteoporose aos 30 anos e eu não quero que isso aconteça com você. Caso você já esteja passando por isso, eu espero muito que esse conteúdo possa ajudá-lo a superar esse desafio. Mas saiba que você não está sozinho neste universo. Segundo um artigo recente, a osteoporose é uma condição mais comum em mulheres pós-menopáusicas, mas também pode afetar homens e pessoas mais jovens devido a fatores como estilo de vida.

Ou seja, são milhões de pessoas que viveram traumas biológicos, assim como eu e você, e não fazem a menor ideia de que a solução da osteoporose está nas suas próprias relações.

Lembro-me que tive uma infância e adolescência feliz e, ao mesmo tempo, a lembrança de sentir que não era suficiente. Principalmente na minha adolescência, eu me sentia preterido e desvalorizado entre os meus irmãos, Daniel e Jorge. Sentia como se tivesse que brigar pelo meu lugar. Durante essa fase, era isso mesmo que eu fazia, brigava, principalmente com o meu irmão mais velho. Isso acontecia muito porque eu tinha a percepção de que todas as atenções e privilégios eram dele, o que fez nascer em mim uma parte que acreditava não ter valor, parte essa que cresceu comigo e se ramificou por todas as áreas da minha vida. Isso me fez buscar terapias que foram muito importantes, pois eu encontrei o que eu não estava procurando. Eu fui em busca de uma solução mágica e encontrei o autoconhecimento como caminho para a cura dos meus sintomas.

Neste ponto, você deve estar curioso sobre qual a relação do que eu vivi com a osteoporose. Você deve ter percebido que eu falei nos parágrafos anteriores o termo "desvalorização" com bastante ênfase. Pois é, os ossos foram forjados pela necessidade de construir capacidade; sem eles, não haveria estrutura suficiente para nos movermos no ambiente ou na vida.

Posso levar você em uma pequena viagem mental? Espero que a metáfora a seguir, de alguma forma, comunique com o seu inconsciente e traga *insights* valiosos. Pois, como diz Stephen Paul Adler (2018), "As metáforas nos permitem usar nossa imaginação e criatividade mais livremente e, com frequência, são interpretadas como se fossem verdades". Vamos lá?

Imagine um animal; neste caso, um peixe. Um peixe que por inúmeras necessidades vitais decide se arriscar em novos desafios. A sobrevivência dele depende de não se tornar alimento para outros animais e, ao mesmo tempo, ser capaz de conseguir a sua próxima refeição, um ciclo interminável.

Imagine que, por algum motivo, ele se aproximou da costa e viu naquele ambiente uma possibilidade de encontrar alimento e refúgio. Agora, eu vou precisar de um pouco mais de imaginação. Imagine que ele desejou tanto se mudar para esse novo ambiente que lhe nasceram pernas e braços à medida que ele frequentemente visitava a costa. Só que essas pernas e braços eram de peixes, não tinham a estrutura óssea necessária para cumprir as suas funções neste novo ecossistema.

Lembre-se: um peixe vive num ambiente cercado de água, portanto não sofre ação da gravidade; isso quer dizer que as suas pernas nunca sustentaram o peso do seu corpo, sua coluna nunca precisou se manter ereta e muito menos os seus braços carregaram qualquer peso. Por sorte, esse sistema ósseo foi desenvolvido com um recurso de melhoramento da sua estrutura à medida que ele foi desafiado. O que eu quero dizer é que quanto mais dificuldade se impõe aos ossos, mais eles se tornam fortes, capazes de suportar o peso ou desenvolver a função que lhes é atribuída.

Eu sei que você já entendeu, mas deixe-me colocar de outra forma para entrar no contexto do tema deste capítulo. Quanto mais o animal se sente incapaz de executar uma atividade que tem relação com a função que este osso desempenha, mais a estrutura óssea tende a passar por uma espécie de reforçamento.

Agora, imagine que este animal está prestes a dar os seus primeiros passos em direção à terra firme. Ao tentar ficar em pé, sentiu como se carregasse o mundo, a gravidade o fez tomar consciência de cada parte do seu corpo, e, particularmente, das que carregam peso, como os pés, os joelhos, o quadril e a coluna vertebral. Seus pés não estavam preparados! "Não sou capaz de ir aonde preciso! Meus pés ainda não suportam!". Os joelhos não permitiam desenvolver a performance física adequada para se mover com facilidade. "Não consigo me movimentar como na água, era tão fácil lá!". O quadril não suporta ainda todo peso do seu tronco. "Não suporto lidar com esse peso por muito tempo, parece que vou ceder". A coluna lombar não tem a força necessária e, para não ceder, precisa de algum apoio. "Ainda não consigo ficar com a coluna ereta. Preciso de ajuda enquanto não sou capaz de fazer isso".

Estas situações se repetiram por muitas tentativas até que a sua estrutura óssea se tornou capaz de sustentar e apoiar os seus movimentos. Lembra?

Eu falei que esse sistema responde aos desafios que lhes são impostos com aumento da sua densidade.

A pergunta que deve estar rodando a sua cabeça neste momento é: "A osteoporose não tem mais relação com redução da densidade óssea?". Você não podia estar mais correto! Mas, antes de entrar nesse aspecto da osteoporose, eu precisava contextualizar o que deveria acontecer, mas que não aconteceu nas pessoas que têm esse sintoma.

Antes de contar esse detalhe, eu preciso terminar a história do peixe, continue lendo porque você vai precisar do resto dessa metáfora para entender como se livrar da osteoporose.

Agora vou forçar mais um pouco a sua imaginação. O peixe conseguiu! Está de pé na areia com as suas pernas de peixe e com um semblante de euforia e, ao mesmo tempo, de dúvida. Explorar novos desafios sempre nos deixa um pouco ansiosos e não seria diferente nesta história.

O diálogo na cabeça dele, neste momento, foi mais ou menos assim: "Avanço ou volto? Será que não devo ficar e ajudar meus pais? Mas não aguento mais o meu irmão, sempre me dizendo o que fazer! A verdade é que ninguém me deu apoio quando eu disse que ia embora, eles não me valorizam. Uma parte de mim quer ir, mas a outra acha que precisa ficar".

Esse diálogo mental é o resultado de um conflito interno que costuma estar presente quando vivemos conflitos biológicos. Preste muita atenção a partir daqui, pois são esses conflitos internos que vão fazer aquela estratégia de melhoramento dos ossos fracassar e ao invés de se tornarem mais fortes, ficarem ainda mais fracos.

Pense comigo! Sempre que eu preciso melhorar uma estrutura, não basta colocar um reforço externo, preciso trocar os materiais que a compõe, ou seja, tirar o que está fraco e repor com algo mais resistente. Biologicamente acontece assim: quando estou vivendo os conflitos e imerso no sentimento de incapacidade e autodesvalorização, o corpo inicia o processo de retirar o osso fraco. Quando essa autodesvalorização é resolvida, começa o processo de repor o osso forte. Como cada osso no nosso corpo tem uma relação com um tipo de capacidade, toda vez que nos sentimos incapazes de resolver algo, um desses ossos irá entrar em ação. Se a pessoa passa mais tempo se sentindo incapaz de resolver algo do que o contrário, é de se esperar que a estrutura deste osso se deteriore mais.

Se nosso amigo peixe não estivesse preso às opiniões das outras pessoas, esperando algum tipo de aprovação delas, com receio de desagradá-las ou com medo de perder a sua reputação de bom moço, esta situação já não seria um conflito.

Percebeu? É neste ponto que a osteoporose se instala. Por isso, nosso amigo representado aqui nesta história também passou a sofrer de osteoporose nos ombros, e a percepção inconsciente que o fez desenvolver perda de cálcio neste local foi: "Eu falhei com minha mãe! Abandonei ela!". Pena que ele não era meu cliente, pois aí eu poderia ter lhe dito que viver o seu sonho e perseguir as suas intuições foram as melhores maneiras de honrar o amor que ela tem por ele, a vida que ela proporcionou a ele é uma dádiva e não uma dívida. Assim como eu teria tido a chance de trabalhar nele as dependências emocionais que o faziam acreditar que ele precisava suportar o irmão, mesmo isso provocando osteoporose no seu quadril (fêmur).

Muita gente permanece em relacionamentos abusivos para satisfazer as expectativas de alguém. Eu ficaria muito feliz também de poder dizer a ele o que aprendi, que me fez interromper o ciclo de autodesvalorização que me provocava dor na coluna lombar e poderia evoluir para uma osteoporose caso eu não superasse isso. E eu vou ser breve, para superar a dor lombar e uma possível osteoporose nessa região, eu parei de esperar o reconhecimento das pessoas, parei de defender um papel de perfeição que eu nunca alcançaria, aliás, parei de esconder os meus defeitos.

Mas é claro, eu fiz isso internamente, eu dei atenção para essa parte de mim que era carente por apoio e valorização. Que acreditava não ter valor, por isso buscava na fala e na atitude dos outros um elogio para satisfazer esse sentimento. Quando eu visitei essa parte de mim, descobri que tinha um motivo para isso ser assim, que aconteceram situações que me fizeram acreditar nisso. E bastou dar a essa parte de mim escuta profunda, interessada e sem julgamento que a alquimia se fez.

Hoje, eu convido você, caso essa história o tenha tocado de alguma forma, a se aprofundar neste tema e caminhar comigo ou com meus mentoreados em uma jornada de autocura e autoconhecimento. Entre em contato comigo nas minhas redes sociais que eu lhe contarei mais.

Referências bibliográficas

SILVA, J.; PEREIRA, M. Prevalência de osteoporose: uma revisão crítica. *Revista Brasileira de Epidemiologia*, v. 20, n. 3, p. 123-135, 2023.

ADLER, S. P. *Uma abordagem Ericksoniana para um inconsciente informado*: História, metáforas e citações que curam. São Paulo: Editora ACT Institute, 2018.

“Curar não é fazer desaparecer a experiência traumática, é restaurar o senso de segurança incorporado na energia da transformação.”

Mauricio Darzé

Mayra Maximiano

Meu nome é Mayra Maximiano, natural de Santa Cruz do Rio Pardo/SP, onde resido atualmente.

Sou terapeuta, mentora, especialista em Microfisioterapia e em Leis Biológicas. Ao longo desses quatorze anos de profissão, já atendi milhares de pessoas individualmente, e desde o ano passado realizo também mentoria on-line e em grupo.

Amo viajar, jogar *beach tennis* e estudar. Cuido da minha mente e do meu corpo constantemente para que eu possa estar disposta e disponível para experienciar a vida da melhor forma que eu puder.

Ao realizar o meu trabalho ajudando pessoas, encontrei as respostas que buscava e me curei. Hoje transmito esse método àqueles que me procuram para aliviar suas dores da alma.

mayra_maximiano

+55 (14) 99731-0080

mayramax.mm@gmail.com

NÃO SEJA REFÉM DOS SEUS SINTOMAS

VOLTANDO AO MEU LUGAR

APRENDENDO A DIZER SIM À VIDA, APESAR DOS SINTOMAS

22

Por Mayra Maximiano

Lembro-me como se fosse hoje das noites que passei em claro, sentada na cama, tentando respirar. De um lado, o inalador. De outro, uma toalha de rosto e uma mistura de medicamentos. Um frio que doía e tanta coberta que, no fim, eu suava, e acabava confundindo se era realmente calor ou só a febre indo embora. Diagnóstico clínico: asma brônquica. Tratamento: remédios, que eram fortes demais para uma criança.

Toda vez que o frio chegava, era a mesma coisa e eu começava a notar um padrão. Os sintomas tinham início em junho e iam embora em agosto. Eu não podia dormir fora, mesmo assim, insistia. Pó ou cheiro de coisas guardadas eram um veneno para mim. Correr ou rir demais, nem pensar. Tudo que despendia um esforço respiratório considerável era um gatilho e a minha noite de sono se tornava um pesadelo.

Às vezes eu chorava e ficava pior, então comecei a me acostumar. Minha mãe não sabia mais o que fazer e somente em momentos mais críticos recorríamos à medicação. Com a famosa "bombinha" ou alguns remédios colocados no inalador, eu ficava até meio zonza por alguns instantes, mas era a única coisa que melhorava imediatamente aquela angústia respiratória.

Os anos foram passando e eu fui crescendo, na esperança de que esse quadro ficasse para trás. Mas não ficou. Eu não sei se as crises foram se tornando cada vez mais pontuais ou se aprendi a lidar com os sintomas, mas foi assim que vivi até mais ou menos os meus 15 anos. Nessa época, decidimos tentar mais um tratamento: a homeopatia.

Coincidentemente, nesse momento de vida, comecei a pensar no meu futuro profissional, pois já era o primeiro ano colegial e eu precisava tomar algumas decisões. Sem eu perceber e de maneira totalmente inconsciente, o meu quadro de asma e o meu futuro profissional estariam totalmente conectados.

Eu fui para homeopatia e comecei a entender um processo de cura diferente, mas que fazia todo sentido: Samuel Hahnemann, criador da homeopatia, dizia que semelhante curava semelhante. Portanto, não seriam remédios de farmácia que me curariam já que ali eu encontraria somente a medicina dos "contrários". E não é que deu super certo? Ali eu enxerguei uma luz no fim do túnel, pois comecei a me tratar com algo natural e que resolvia as minhas crises. Dessa forma, eu já não precisava mais apelar para medicações fortes e que me causavam efeitos colaterais.

Eu nem imaginava que esse era o início de uma jornada linda de autocura, pois, enquanto tudo isso acontecia, eu precisava escolher a minha profissão. Então, eu pensei bastante e tomei uma decisão: eu queria ajudar pessoas. Comecei a procurar por profissões da área da saúde e, na época, muito se falava sobre a Fisioterapia. O que me pareceu perfeito, pois algo me movia nessa direção, mas eu tinha certeza de que não seria a Medicina.

A graduação em Fisioterapia foi fundamental e me estruturou para tudo que viria no futuro. Sabe o que é estar exatamente no lugar certo e com as pessoas certas? E é claro que quando estava vivendo tudo aquilo eu não pensava assim, pois me encontrava no meio do processo.

Após quatro anos, eu me formei e me tornei uma fisioterapeuta inconformada, daquelas bem irritantes, porque eu queria saber a causa de tudo. Eu queria saber "a causa da causa" até esgotarem todas as possibilidades, pois uma vez que eu não encontrei uma solução para a minha asma lá atrás, ali eu tinha que encontrar respostas plausíveis para as dores e doenças que estudava.

Assim, todo e qualquer curso que eu faria dali para frente teria essa premissa: identificar e tratar as causas das doenças. Descobri que dentro da minha área isso seria possível com a Osteopatia, especialidade de dois dos meus professores da graduação. Meio "apressadinha", tratei logo de me inscrever na pós-graduação e trilhar esse caminho. Foi aí que aquela luz no fim do túnel, que veio com o tratamento da minha asma, começou a se ampliar, clareando muitas ideias e fazendo todo o sentido.

A Osteopatia foi fundamental para eu entender as causas das doenças, ou seja, tudo que influenciava a parte estrutural: ossos, músculos, ligamentos e articulações, em conjunto com órgãos e glândulas hormonais. Após identificadas as causas, o tratamento era estimular o corpo através do toque para que o próprio organismo se regulasse. Era a autocura se apresentando a mim. Como sempre, eu passei por uma sessão para sentir como seria e levei a minha asma para ser analisada.

As minhas crises começavam em junho e terminavam em agosto, e o fisioterapeuta que me atendia encontrou uma memória traumática no meu corpo durante a minha gestação: meu avô materno faleceu em junho, justamente quando minha mãe estava com 7 meses de gestação, e eu nasci dia 4 de agosto, quando a minha crise de asma encerra seu ciclo. Tudo fez sentido!

A partir daí eu comecei a olhar para a minha saúde com outros olhos e, por consequência, para a saúde dos meus pacientes também. A minha transformação acontecia a partir da minha própria cura, dos cursos que eu fazia e o quanto passava tudo isso à frente aplicando em cada pessoa que chegava até mim precisando de ajuda.

Mas esse não era o final, aliás, não existe o fim. Mais arquivos do meu inconsciente seriam acessados ao conhecer mais uma ferramenta: a Microfisioterapia. Uma técnica francesa criada por Patrice Benini e Daniel Grosjean, que promete tratar no corpo, através do toque sutil da micropalpação, as memórias de traumas absorvidas ao longo da vida. Quando eu recebi a sessão, algo muito forte aconteceu e as vendas dos meus olhos caíram. As mudanças foram tão expressivas que eu senti a necessidade de fazer o curso para atender os meus pacientes, e ali aconteceu uma virada de chave pessoal e profissional.

No começo fui um pouco resistente, afinal, eu sentia lá no fundo da minha alma que a longo prazo eu trabalharia mais com a Microfisioterapia do que com a Osteopatia, e realmente foi o que aconteceu. Ali, eu senti na pele literalmente o que era um divisor de águas, aquilo que lhe redireciona e você nem sabe direito para onde. Eu só aceitei e confiei. O progresso profissional foi acontecendo à medida em que eu me curava, estudava e praticava.

No instituto onde fiz a formação em Microfisioterapia, nós tínhamos acesso a vários outros cursos de qualidade. Logo, mais um chamou a minha atenção: a Leitura Biológica. Ministrado brilhantemente por Emmanuel

Corbeel, baseado na Nova Medicina Germânica de Dr. Hamer e em suas cinco Leis Biológicas, fui estudando e percebendo que mais peças do quebra-cabeça começaram a se encaixar. Eu entendi que ainda era necessário olhar de forma mais forte para os conceitos saúde/doença e modificá-los de uma vez por todas. Aqui compreendi definitivamente o impacto de um hiperestresse na biologia e como o corpo responde a esse estímulo gerando dores, doenças e sintomas psíquicos.

Eu passei a viver o meu dia a dia baseado nessas novas diretrizes que ficavam cada vez mais claras quando eu aplicava à minha vida. Ao estender a visão aos meus pacientes, eu recebia uma resposta unânime que sim, fazia sentido para todos.

O quebra-cabeça começou a formar as imagens de cura do que eu vivi no passado e do que eu estava vivendo naquele momento, e eu começava a compreender o porquê precisei passar por todos esses processos.

Concluí a formação em Leitura Biológica e notei que no instituto havia um curso de uma professora que eu tinha ouvido falar na época da pós-graduação em Osteopatia, Josie Kromer era o nome dela. Tamanha era a sua fama, que eu me inscrevi em suas aulas sem saber exatamente o que eu estudaria.

Essa formação seria a cereja do bolo, aquele toque que faltava para fechar o raciocínio e curar mais uma camada que eu nem imaginava que existia. De forma precisa como um *laser*, Josie me conduziu a olhar para meus antepassados, para as situações que tendiam a se repetir na minha vida, para minha árvore genealógica e para o lugar que eu ocupara dentro da minha família. Quanta riqueza de informações! Eu ficava em choque a cada revelação e com o quanto tudo fazia sentido. Como foi bom costurar esta colcha de retalhos e chegar a todas as conclusões que cheguei. Eu fiquei em paz quando finalmente soube toda a minha verdade.

E então eu entendi o porquê até mesmo antes de nascer eu me deparei com uma grande perda. Que foi por isso que eu vim a desenvolver a asma e a minha dificuldade com perdas e separações. Que era exatamente por isso que eu não suportava sentir frio já que ele doía até a minha alma.

Não era só o frio que doía, era também a falta de respostas. Inconformada que era (e ainda sou), fui guiada delicadamente e no tempo certo para olhar uma camada de cada vez. Hoje eu olho para trás e sinto que muitas feridas já não sangram mais, mas continuo fazendo esse mesmo caminho que relatei aqui toda vez que tenho algum sintoma. Logo que ele surge eu me pergunto: "Que tipo de estresse eu passei que possa estar ligado a este sintoma?".

Convido você agora a fazer a mesma reflexão e a levá-la para sua vida. A resposta virá. Seja no exato momento, depois de algumas horas ou até de alguns dias. Pode ser que você sonhe com a situação. Esse será um grande começo para você entender a relação do seu sintoma com os traumas que você viveu.

A minha asma me levou a percorrer todo esse caminho. Eu queria ajudar pessoas e, no meio do processo, descobri que quem precisava de ajuda era eu. Através da minha profissão, olhei para a minha história, encontrei respostas para tudo que eu passei e me curei de muita coisa que vivi até então. Tudo isso foi fundamental para que eu pudesse ajudar as pessoas que me procuravam.

Dizer sim à vida, apesar dos sintomas, jamais será uma forma de se conformar com as dores, mas sim de compreender que, embora os sintomas estejam presentes para sempre em nossas vidas, existe sim uma forma de identificar e tratar suas causas para que você possa viver em paz.

As respostas que eu e você tanto buscamos estão dentro de nós. Basta termos coragem de acessar os arquivos da nossa vida e mergulharmos profundamente na nossa linda história de cura.

“Quando olho para
a minha história e
cicatrizo minhas
feridas, permito que a
cura venha até mim e
atravesse gerações.”

Mayra Maximiano

Myrian Echer

Sou uma eterna apaixonada pela arte de viver! A vida é o presente que ganhamos ao chegar ao mundo. Cultivá-la com sabedoria e amor é missão.

Graduada em Medicina há quatorze anos, vocacionada, com visão sempre focada na saúde integral: aquela que vê o indivíduo por completo, busca a causa do adoecimento e desperta, de dentro para fora, a reconexão com a capacidade inata de autorregulação do corpo, mente e emoções.

Meu método é baseado na visão das Leis Biológicas, Eneagrama e Psicotrauma em cinco pilares: autenticidade e poder pessoal, relacionamentos, vida com propósito, saúde plena, prosperidade e liberdade financeira.

Pós-graduada em Medicina Integrativa, Nutrologia e Psicotrauma. Master em Eneagrama, formação em Leis Biológicas, PNL, Hipnose.

dramyrianecher

+55 (27) 99644-5888

Dra. Myrian Echer

NÃO SEJA REFÉM DOS SEUS SINTOMAS

VOLTANDO AO MEU LUGAR

DA EXAUSTÃO À CONEXÃO: SUA VOZ ECOA SUA VERDADE

23

Por Myrian Echer

Papéis! Quem vem primeiro na sua vida: você ou seus papéis?

Quão fortes são os papéis e as máscaras assumidos para encenar aquela mesma história cíclica que se repete ao longo dos anos da nossa experiência humana. Quando se dá conta, o cenário e os atores mudaram, mas o contexto parece repetir o antigo ciclo vicioso, que ao fim, leva você a experimentar sempre o mesmo resultado, aquele bem diferente do que desejava vivenciar.

Trauma: o silencioso amigo de palco disfarçado de inimigo, que coloca você em estado de choque e mostra outro ângulo do cenário. Ele guarda alguns segredos e mistérios que só poderão ser revelados no tempo propício, após alguns capítulos do enredo evoluírem. A primeira Lei Biológica descreve o trauma como DHS (Síndrome Dirk Hamer), o choque que gera um conflito biológico.

Conflito: parceiro do trauma, o diretor que cria novos cenários com o mesmo tema. Sempre uma nova chance para fazer diferente, vencer o bloqueio ocasionado pelo trauma e ir além da zona de conforto, aquela velha amiga quentinha, conhecida, que foi muito útil enquanto a dor era insustentável, mas que com o tempo, tornou-se uma realidade fantasiosa e limitadora. Na visão das Leis Biológicas, a zona de conforto gera o Efeito Hipnótico do Conflito, que faz você repetir ciclos em busca de resolução.

Essência: aquela parte sua mais profunda, sincera e verdadeira. Aquela parte sua que tem coragem de chorar, que fala de poesia, que quer se apaixonar, que se conecta com a natureza, que quer dançar, brincar e ser feliz. Aquela parte sua que faz você sorrir quando sente o gostinho delicioso de contemplar um pôr do sol, o nascer de um filho, os olhos da pessoa amada, o toque do abraço acolhedor quando mais precisava. A essência, que é **você** de verdade, está sempre batendo à porta, convidando você a entrar: "Venha, sente-se! Faça uma pausa, respire fundo, vamos tomar um chá ou um café!". Cada essência é única! É autêntica em si mesma. Para a essência não há certo ou errado, bom ou ruim, melhor ou pior. Ela só é o que é.

É sobre SER, Sua Essência Real.

Escuto mulheres contando como se sentem culpadas ao deixar seu bebê na creche o dia inteiro. Sacrificam o papel da mãe para atender ao papel da profissional. Sacrificam princípios e valores que haviam estabelecido a si mesmas para quando o bebê nascesse, começasse a interagir, andar, falar.

Outras, com filhos crescidos, contam sobre o arrependimento de não terem estado mais presentes durante a fase de desenvolvimento deles. Vivem em conflito entre serem brilhantes e reconhecidas no trabalho, terem sucesso profissional, no entanto, sentem o distanciamento da família, a rebeldia dos filhos, a competição e a falta de comunicação com o parceiro.

Algumas atribuem a responsabilidade ao puerpério. Outras, à gravidez, à menopausa, à falta de tempo e ao excesso de trabalho. Outras, ao parceiro que não ajuda, que está sempre ausente, que só a procura quando tem algum interesse próprio.

Escuto mulheres relatando exaustão e cansaço desde a hora que acordam até a hora que se deitam. Sem libido e esgotadas, criam estratégias para fugir da procura do marido pela relação íntima, pois não se sentem estimuladas. Muitas nunca experimentaram uma sexualidade prazerosa em conexão profunda com o parceiro. Quando ouço de uma mulher que ela vem fingindo para si mesma por tantos anos, meu coração dói profundamente e isso me entristece.

Porque eu já fui uma dessas mulheres. Porque já estive em relações afetivas que não atendiam ao meu bem-estar e felicidade, mas eu não percebia. Honrava padrões que me foram ensinados sobre certo e errado nas relações e me sacrificava numa vida infeliz, aceitando menos do que verdadeiramente merecia, pois não enxergava meu real tamanho.

Eu me identificava com o papel da profissional médica e buscava gerar significado na vida através dele. Era o papel de maior destaque e me sentia segura nele. Sempre foi fácil ser referência na minha área de atuação e esse reconhecimento parecia preencher o vazio que existia dentro de mim. A médica me fazia sentir forte e competente, até que a próxima crise existencial se apresentasse. Geralmente, elas surgiam em datas marcantes: aniversário, virada de ano, desafios ou comemorações.

Fragmentos. Sensações. Caos. Repressão. Impotência. O bloqueio ocasionado pelo trauma impede você de ficar presente no corpo, aqui e agora. Quando a fenda se abre, você vai recebendo fragmentos, flashes e memórias, mas comumente os ignora, pois não compreende por que está pensando aquilo, sentindo aquilo. Chegam como peças isoladas de um quebra-cabeça que você desconhece o cenário inteiro. O despertador logo toca e mais um dia de trabalho se apresenta. Não há tempo para sentir. Sentir enfraquece, é para os fracos. Depois resolvo isso... e a próxima crise convidará você novamente a entrar.

Certo tempo da minha vida, numa dessas crises, meus olhos se abriram! Há muitos anos eu já não me conhecia mais. Havia esquecido de mim, não havia tempo para mim na própria agenda. Estava sempre servindo e salvando todos. Estava energeticamente bloqueada, sobrevivendo em Síndrome de Urgência. A mente era uma máquina de trabalho, cheia de pensamentos autocríticos, cobranças e projeções futuras. O coração ferido e fechado não se permitia estar vulnerável por um segundo. Muito arriscado abrir e ser ferida mais uma vez. O controle e a sensação de compensação que experimentava no trabalho eram as únicas garantias para não ser ferida e sobreviver com minhas emoções muito bem protegidas.

Na primeira vez que um homem olhou para mim com conexão e presença, quando ele honrou minha feminilidade (aquela que nem eu enxergava), quando disse com palavras e ações que eu era a mulher que ele desejava com a mesma entrega de corpo, alma e espírito com os quais construía uma dança, nesse dia eu descobri o poder do feminino que estava guardado a sete chaves dentro de mim. Um feminino tão potente e extraordinário que só poderia ser recepcionado por alguém que soubesse reconhecer a sua grandeza e sensibilidade.

A **presença** e a **conexão** sinceras que aquele homem gerou para receber os medos, as feridas mais profundas e a sensação visceral de impotência que estava marcada no meu corpo bloqueando minha sexualidade abriram a porta do meu SER, me reconectando com a minha potência feminina. O feminino é a habilidade de compaixão, gentileza e sensibilidade. É a capacidade de dar e receber amor. O feminino é parte essencial de homens e mulheres. É o canal através do qual emana a essência do amor, a fluidez da vida, o perdão e a cura para qualquer dor, trauma e conflito.

Embora muitas mulheres nunca verbalizem o verdadeiro nível de dor e vulnerabilidade que experimentam quando as luzes do palco se apagam e elas ficam a sós no escuro, as lágrimas e o corpo delas me contam sobre a sobrecarga, a autocobrança e o sentimento de culpa por negociarem seus valores essenciais se apegando mais aos papéis do que aos sonhos que nunca realizaram, por falta de prioridade a si mesmas. E os papéis parecem estar em constante conflito, um julgando ser mais importante que o outro.

Quando vejo uma mulher se subjugando, aceitando migalhas de afeto em relacionamentos abusivos, fugindo de si através do vício dopaminérgico despertado pelo trabalho com o qual ela se identifica com unhas e dentes, sentindo-se responsável por salvar os outros de seus problemas, meu coração se entristece e minha voz pede para ecoar.

Muitas sofrem em silêncio. As emoções se calam. Os choros aprisionados tornam as águas internas escuras e lamacentas, más águas (mágoas). Embora caladas, o corpo escuta e somatiza. Gera doença autoimune, câncer, fibromialgia, insegurança, culpa, medo de exposição, doenças na tireoide e garganta, endometriose, mioma, infertilidade, distúrbios menstruais, irritabilidade, exaustão. Frustração, impotência e solidão.

Seu corpo somatiza para lembrar você de ver e sentir quando tiver tempo de escuta real a si mesma. Em presença. Em conexão. Com consciência. Sem fugir, justificar ou terceirizar a responsabilidade. Nesse instante, e somente nele, o corpo se abre para a cura do SER, Sua Essência Real.

Presença, conexão, consciência, práticas poderosíssimas para estabelecer comunicação clara e assertiva, que sempre vai começar dentro de você e só então se estabelecerá com o outro. Corpo, emoções e mente unidos e integrados em prol da cura individual e coletiva.

Eu desejo que todas as mulheres do mundo, pelo menos uma vez em suas vidas, sintam em seu corpo a potência feminina que as habita! Que escolham voltar a habitar seu corpo e resgatar sua vitalidade dia após dia, sem recorrer a pílulas mágicas, mecanismos de fugas de última geração ou conversas vazias e aleatórias sobre outras pessoas para se sentirem melhor internamente.

Eu já fui a mulher que colocava seus papéis antes de si mesma. Que não tinha tempo para si na própria agenda. Que vivia em Síndrome de Urgência, sentindo-me responsável por salvar quem amava. Conto a minha história porque ela é a sua história. Escolhi me tornar um espelho que reflete para você toda a sua grandeza. A sua potência pura. A força da sua sensibilidade. O seu feminino, **sua essência real**.

Se você viu seu reflexo através desse espelho, deixo algumas tarefas. Pergunte-se:

O quanto você consegue, **de verdade**, equilibrar seus papéis?

Qual papel você representa na sua vida: Protagonista? Coadjuvante? Figurante?

Todos os dias, diga: eu, (nome), antes dos meus papéis.

Eu converso com uma parte sua. Uma que nem sempre usa palavras, mas que tem muito a dizer. Uma que você deixou bem guardadinha e evita se conectar. Mas se meu espelho conseguiu fazer você virar pelo menos uma chave de reconexão com sua sensibilidade, seja você homem ou mulher, sinto que minha voz ecoou em seus ouvidos.

Minha voz está a serviço de despertar a sensibilidade e o feminino de mulheres e homens em todas as partes do mundo. E estou muito feliz que esse sopro tenha chegado até você.

Essencial é SER *você*!

Verdade em sua espontaneidade, simples em sua grandeza.

“Sua voz ecoa sua verdade. Antes dos papéis, essencial é SER você!”

Myrian Echer

Priscila Mendes Barros

Sou a Priscila, filha, mulher, mãe, amiga e adotada!

Fisioterapeuta integrativa, reúno minhas expertises para facilitar a autoconsciência através da integração do corpo, mente e emoções. Movida por um forte sentimento de insatisfação em relação ao sistema oficial de saúde, que era oferecido para mim e minha família, voltei aos estudos e iniciei uma busca por respostas para as minhas questões.

Após passar por duas internações com minha filha por bronquiolite, não aceitava que ela estaria fadada a ser asmática. Foi quando conheci as cinco Leis Biológicas, me deparei com esse universo e me aprofundei na Nova Medicina Germânica e Psicogenealogia.

Com muito amor e compaixão, sigo minha missão de facilitar o processo de autoconexão.

primendesbarros

+55 (11) 99558-0123

TRANSFORMANDO A DOR DA ADOÇÃO EM POTÊNCIA DE CONEXÃO

24

Por Priscila Mendes Barros

Escolhi esse tema pelo fato de ter passado por uma adoção. Quantos sintomas vieram à tona! Mas, não quero ser refém deles.

Tenho quatro pais, doze irmãos, sendo dois não biológicos e uma que já é falecida. Cheguei na família adotiva alguns anos depois da perda de uma filha, logo no início farejei o medo. Saí de uma família a qual dois filhos já tinham ido para outros lares. Já havia separações, antes mesmo da minha concepção. Sou filha de substituição, isto é, cheguei na família após a perda de uma irmã, a Aline. Apesar de ter ganhado um lugar, ele foi dado a partir da dor da ausência de uma pessoa. Como poderia ser feliz, sem saber o meu lugar e sabendo que o meu espaço foi criado a partir da falta?

Tudo isso estava misturado com a minha sensação de abandono, o trauma me desconectou das pessoas que eu considerava referência na minha vida: os meus pais. Como poderia confiar na vida agora? Muitas respostas e questionamentos vieram através do estudo dos meus sintomas e da minha árvore genealógica.

Construí minha família com o Rodrigo, que por sincronicidade é neto de uma avó materna também adotiva. Aos 36 anos, engravidei da minha filha Carolina, com a mesma idade que minha mãe biológica tinha quando nasci. O parto da Carolina foi emergencial devido ao descolamento de placenta, ela nasceu com 37 semanas e 4 dias. Nasceu bem, apesar do susto pela demora em auscultar o coração durante o exame de ultrassom, na emergência. Com horas de nascida, precisou ir para incubadora, estava com um quadro de hipotermia (uma separação vivenciada pela semelhança com a morte). Talvez essa tenha sido sua primeira sensação de separação, e para mim uma releitura de separação mãe e filha. Com um ano e três meses, a Carolina foi para escola. Rapidamente, começaram a tosse, o nariz escorrendo e a febre, todos sintomas ligados a separações; e por duas vezes ficou internada pelo mesmo motivo: bronquiolite (confronta a criança com os seus primeiros medos de separação). Passei noites sozinha no quarto do hospital me perguntando o porquê estava vivenciando aquilo, qual era o aprendizado, e só consegui entender anos depois. Não percebia o tanto de separações que tinha vivido ao longo da vida. Com todo esse cenário, eu fui sentindo a necessidade de buscar mais informações sobre o que os sintomas queriam me contar, não ser mais refém deles, e sim usá-los como um oráculo para compreender melhor o que o corpo quer falar.

Por mais que estivesse com muitos véus, sabia que encontraria um fio que me conduzisse a informações que deixariam meu coração leve. Foi quando conheci a Nova Medicina Germânica e, paralelamente, a Psicogenealogia.

Antes de ser adotada, eu fazia parte de uma grande família com oito irmãos, dos quais dois já haviam sido doados. Minha mãe biológica apresentava sinais de esquizofrenia (interpretação do mundo, do espaço das coisas, à sua maneira, como tendo perdido as referências naturais), e o medo de separação rondava a casa e o ninho onde eu fui gestada. Desde que me entendo por gente, sabia que seria adotada. Eu fui gestada com medo da minha mãe de me perder, pois já havia desconectado de dois dos últimos filhos, de oito que vieram antes de mim.

Com seis meses e após o meu batizado, fui para casa dos meus pais do coração. Antes da minha chegada, meus pais adotivos haviam perdido uma bebê, a Aline, com apenas 11 dias de nascida, com uma questão cardiorrespiratória (esse conflito traz nuance de medo da morte com questões territoriais). Esse foi um evento traumático que deixou meus pais adotivos abalados, mas foi o motivo pelo qual recebi um novo lar. Creio que até os dias de hoje meus pais ainda não superaram essa dor da separação e eu os entendo.

Estava novamente frente a uma mãe que tinha medo de perder mais uma vez um filho. O medo orquestrou todas as minhas sensações e coloriu minhas percepções do mundo. Com isso, precisava ser obediente, e a pessoa a qual eu mais obediente era a minha mãe. Na fase adulta, pessoas que se colocavam como superiores a mim. Esse conflito é chamado de hierarquização, isto é, a junção da dificuldade de lugar a uma questão de identidade. Quem é a Priscila? A que grupo pertenço?

Quando eu tinha 11 anos, nasceu meu irmão adotivo, o Lucas. Imediatamente, pedi aos meus pais para ter o mesmo sobrenome que ele. Nesse período, tive que repetir a 5ª série; imagino que a chegada de um irmão tenha voltado todo o meu foco para as questões familiares. Além da chegada de um irmão, tive que lidar com a perda de amigos e me posicionar num novo ambiente estudantil. Eu tinha um caderninho onde assinava várias vezes meu novo sobrenome, precisava afirmar quem eu era.

Crises asmáticas (medo de me expressar) estavam sempre presentes. Quando ria muito, ela aparecia; quando corria, ela também aparecia; e se tivesse dificuldade em falar o que estava sentindo, a asma vinha me visitar. Esses sintomas foram obscurecendo minha identidade que já era fragilizada e meu lugar no mundo que estava difícil de achar. As dificuldades em me expressar moldaram como eu via a realidade. Era sempre considerada a boazinha, eu dificilmente conseguia opinar, escolher, decidir. Se o assunto era polarizado, eu me esquivava; nas brincadeiras com jogos, eu estava sempre fora, competição nunca foi meu forte, eu era boa em cooperar, isso eu sempre fui boa. No colegial, eu era dispensada da Educação Física porque me desencadeava asma. Estar em movimento era muito perigoso, então via meus amigos em movimento e ficava sentada, esperando a aula finalizar. Somente há dois anos olhei para essa questão e entendi o quanto isso impactou a minha saúde e as minhas escolhas profissionais.

Por me considerar criativa, à medida que tentava colocar minhas ideias em ação, era como se estivesse acionado um alarme de perigo, estava no meu pré-programante, um alerta, era como se estivesse colocando filhos no mundo e isso se tornava um potencializador de perigo dentro da minha mente. Materializar minhas criações era como colocar filhos no mundo.

A dificuldade de entender que eu poderia, sim, ter meus projetos e que eles seriam bem cuidados por mim foi uma questão difícil de trazer para o consciente, pois o inconsciente é tão mais preciso e rápido que me fazia paralisar ao invés de materializar. Antes mesmo de ter consciência de minha vida, eu acreditava que tudo estava predestinado a acontecer e achava que não tínhamos capacidade de mudar nossa realidade. Hoje, sei que podemos alterar nossa percepção e assim criar um cenário mais favorável ao nosso crescimento e desenvolvimento pessoal. Aos poucos, fui despertando meu corpo, conectando parte a parte para sentir a vida, que por tanto tempo passei anestesiada, vivia no mundo da lua, uma planante (saímos do mundo real quando algo é duro para enfrentar). Aí comecei a entender o poder da autorresponsabilidade, pois escolher faz parte do nosso crescimento. Mesmo cometendo erros, existe um aprendizado, parece clichê, mas aprendi que é caminhando que se faz o caminho.

Ter consciência é a chave para reagir de maneira diferente ao que nos acontece.

Desde pouca idade até recentemente, o temor de ser mal compreendida me acorrentava, fazendo-me recuar diante da necessidade de me comunicar. Imagine que eu, bebê, tive que aprender a me comunicar com uma mãe e um pai que eu não conhecia; eles sabiam pouco sobre mim; eu não conhecia o cheiro dos meus pais biológicos, não conhecia o cheiro da casa, das pessoas que agora estavam ali me dando aconchego e um lar.

Falar em público e imaginar que as pessoas estavam perdendo seu precioso tempo comigo era uma sensação horrível. Mas isso está se transformando de forma exponencial, à medida que estou entendendo quem eu sou, para o que eu fui concebida. Está me permitindo ocupar o meu lugar no mundo.

Uma das ferramentas que adoro é a decodificação dos nomes. Vou trazer aqui uma pitada sobre a letra "P". Ela é a primeira letra do meu nome, está diretamente ligada à minha função na família e é representada pela boca. Além disso, sou do signo de gêmeos, ligado ao elemento ar, tudo ligado a comunicação. Resumindo, eu vim para explorar minha voz, vim para falar o não dito, e assim vou transformando as minhas dores em vitórias. Antes, tinha restrições para me expressar, mas agora uso a minha expressão ao meu favor. Depois que tive consciência dessas informações, fui desenvolvendo habilidades ao me comunicar.

Já palestrei em congresso, estou mais ativa nas redes sociais, está sendo uma linda oportunidade de crescimento pessoal que, consequentemente, gera crescimento profissional. Dessa forma, um mundo de oportunidades se abriu. Por ter conseguido virar essa chave, você está tendo a oportunidade de ler uma parte da minha história, e assim olhar para as lacunas da sua, podendo também ter a chance de mudar à percepção de como você vê sua história, como ela foi contada para você e como você se limitou, por conta das suas dificuldades.

A minha grande alegria, e obviamente minha missão de alma, é transformar as dores das histórias das pessoas que me procuram em potências, criando uma reconexão para que elas tenham uma vida extraordinária.

Fico feliz que chegou até aqui. Convido você a entrar em contato comigo, para compartilhar o que sentiu lendo a minha história e, se tiver algo na sua que gostaria de compreender melhor, estarei aguardando seu contato para uma consulta terapêutica.

Referência bibliográfica

BOURON, E. *Libro Azul de la Decodificación Biológica*. Espanha: Kier, 2018

“Nós não evoluímos sozinhos, é nos relacionamentos que aprendemos sobre nós.”

Priscila Mendes Barros

Rafael Livramento

Sou fisioterapeuta de formação e terapeuta integrativo por vocação. Desde 2009, me dedico ao estudo do comportamento humano e seus impactos na fisiologia, nos mecanismos das doenças e nas relações com as pessoas e com o mundo ao redor delas.

Descobri as Leis Biológicas em 2014 e, desde então, não parei mais de estudar e me aprofundar nesses assuntos, até que em 2019 montei a minha primeira turma do curso de formação de terapeutas em Leis Biológicas: o Noções da Existência.

Hoje, com minha esposa, temos um Instituto de formação de Terapeutas em Leis Biológicas e programas de Mentoria que ajudam na profissionalização dos terapeutas com mais de quinhentos terapeutas formados no mundo inteiro.

rafael.livramento.terapias

+55 (24) 99942-3737

Rafael Livramento

NÃO SEJA REFÉM DOS SEUS SINTOMAS

VOLTANDO AO MEU LUGAR

AS DOENÇAS COMO UMA OPORTUNIDADE DE EVOLUÇÃO

25

Por Rafael Livramento

Você já parou para pensar por que ficamos doentes? Por que parece que, de uma hora para outra, nosso corpo reage de uma forma que não conseguimos explicar? E por que as pessoas que reagem de formas diferentes às mesmas doenças têm resultados completamente diferentes em suas vidas?

Historicamente, fomos levados a acreditar que as doenças eram uma disfunção fisiológica, algumas com uma causa bem definida, outras nem tanto. Mas a verdade é que em meus anos de experiência como terapeuta integrativo em Leis Biológicas, tive e tenho, todos os dias, a oportunidade de ver tudo isso de uma forma bem diferente. E, para minha alegria e para o bem da minha jornada como terapeuta, formador e mentor de terapeutas, pude ver isso primeiro em mim.

Quando cursei a faculdade de Fisioterapia, comecei a perceber que alguns pacientes melhoravam; outros, não, mesmo que eu fizesse a mesma técnica que me era ensinada, e aquilo me intrigava. De uma forma muito superficial, eu percebia que aqueles pacientes que tinham uma visão de vida mais positiva melhoravam mais rápido.

Quando criança nem tanto, mas tive uma adolescência muito difícil. Eu não entendia por que algumas coisas aconteciam comigo e muito menos como resolver aquelas situações. Emocionalmente falando, eu não deixava transparecer, e minhas angústias internas se expressavam na forma de pensamentos inquietos e uma curiosidade muito grande sobre o porquê das coisas. Mas, sem as respostas que fizessem sentido, minha sensação era de estar girando em círculos naquele mar de pensamentos. Pode parecer um exagero, mas é a mais pura verdade.

Hoje, eu tenho a absoluta certeza de que o caminho para entender a mim mesmo foi o que me levou a me tornar o terapeuta que sou. A busca pessoal para compreender as minhas questões fez com que eu começasse a entender como o comportamento humano funciona e isso foi apaixonante. Isso me fez seguir inúmeros caminhos até chegar, em 2014, nas Leis Biológicas.

Com as Leis Biológicas, aprendi um dos conceitos mais importantes para meu desenvolvimento como pessoa, o conceito de "invariante biológico". Esse conceito diz que tudo aquilo que conhecemos como doença corresponde a uma percepção bem definida de como reagimos ao mundo, e isso terá um impacto direto em nossa fisiologia.

Percepção, por sua vez, é toda a bagagem de memória daquilo que vivemos e herdamos, por exemplo: as memórias das dificuldades que nossos familiares viveram, a forma como nossa gestação aconteceu, os medos que nossos pais tinham quando chegamos, as experiências da nossa infância, a forma como vivenciamos nossa relação com as pessoas e com o mundo etc. Podemos dizer que a percepção é a lente através da qual enxergamos nossa realidade.

Tudo isso molda nossa forma de ver o mundo e se torna um sistema de crenças instalados no nosso DNA, que faz com que a gente se comporte de uma determinada maneira e, consequentemente, se relacione com a vida de uma forma bem específica. Já percebeu que pessoas diferentes reagem de formas diferentes frente a um mesmo cenário? Essa diferença de resposta é mediada pela percepção, pois aqui o que importa não é **o que** aconteceu, mas **como** percebemos o que aconteceu. Isso nos dá a nossa individualidade, a nossa forma única de ser.

E o que isso tem a ver com as doenças? A gestão das informações da nossa percepção é feita pelo cérebro, e é esse mesmo cérebro que controla nossas funções corporais, fisiológicas e comportamentais. Um mecanismo estímulo-resposta.

Todo órgão e estrutura do corpo está ligado a uma percepção específica, e cada estrutura dessa tem uma função biológica, anatômica, biomecânica também determinada. Isso, para nós, terapeutas, representa uma grande oportunidade de entender como esse paciente está vivenciando as situações de sua vida pela especificidade em como seu sintoma traz essa informação, pois nossa função não é "somente" aliviar os sintomas do paciente, mas ajudá-lo a entender o porquê de ele ter adoecido.

Vou dar um exemplo: biologicamente, a função biológica do pé é sustentar o corpo e ajudar a caminhar em direção ao que se deseja. Para ilustrar o que desejo explicar, vou trazer o caso de um paciente que atendi, de forma bem resumida.

O paciente me procurou com queixa de dores na região plantar (sola dos pés). Ele dizia que sempre que estava frente a um desafio importante no trabalho, o pé doía muito. Quando fui atendê-lo, notei que o pé dele não tinha uma curva natural que os pés têm, o que chamamos de pé plano. Quando conhecemos o mecanismo biológico, como terapeuta, penso: **"Qual seria a vantagem de ter um pé plano?"**. Ter uma base maior de sustentação, um maior apoio. **"E por que preciso de uma base?"**, porque a pessoa traz uma memória de falta dessa base, desse suporte.

Biologicamente, essa base vem da energia masculina proporcionada pela figura paterna. Não que a mãe não seja uma base, mas, na natureza, quando o macho cumpre suas funções, tanto a fêmea quando o filhote têm mais chances de sobrevivência. E, na história desse paciente, quando a mãe engravidou, o pai foi embora e não assumiu a paternidade. Com isso, a vida dessa mãe e dessa criança foi mais difícil, e o cérebro dele, inconscientemente, percebeu como a falta de base.

Hoje, mesmo enquanto adulto, quando era confrontando a desafios no trabalho (o que chamamos de território masculino), a falta de integração dessa energia masculina pelo distanciamento da figura paterna em sua história, o colocava em medos de não conseguir suportar ou achar que não daria conta (falta de base).

Eu costumo ensinar para meus alunos que o paciente não melhora com aquilo que ele sabe. Ele melhora com aquilo que ele nem sabe que não sabe, os chamados "pontos cegos". E as doenças são uma forma de trazer à luz da consciência esses pontos, para que possamos ressignificar e evoluir.

Dois meses após a sessão, esse paciente me enviou uma mensagem dizendo que estava muito feliz, pois estava mais confiante e ousado no trabalho (energia masculina), e que isso havia resultado em uma bela promoção no trabalho e um grande aumento de salário.

É exatamente isso que quero dizer do sintoma como oportunidade de evolução, pois o sintoma de dores no pé, aparentemente, era um fator isolado nas vias tradicionais por um calçado mal utilizado ou por uma questão puramente biomecânica. Mas, quando conhecemos o conceito de invariante biológico e fazemos a relação do sintoma com a percepção, podemos entender que, na ótica das Leis Biológicas, o sintoma no pé do paciente era uma forma de olhar para as questões vivenciadas com o pai, que estavam adormecidas no seu inconsciente e que impactavam diretamente sua atuação no mundo. Assim como para qualquer outro sintoma.

Quando isso é trabalhado e ressignificado, a pessoa se sente capaz de enfrentar os desafios que, naturalmente, a vida irá trazer em direção a evolução, afinal, eu acredito que nascemos para evoluir e nosso sintoma é um caminho para entender o que a vida deseja de nós nesse momento.

Acredito que esse seja um dos grandes objetivos quando estou com um paciente na minha frente: **"O que esse sintoma está trazendo de mensagem para essa pessoa?"**.

Dentro daquilo que ensino nos meus cursos e mentorias, tem uma frase que falo sempre para meus alunos: **"Você só leva seu paciente aonde você já foi!"**.

Não é uma questão literal do tipo: "Eu não tive tal doença, então não posso ajudar um paciente com aquela doença". É mais sobre: **"O quão disponível você está para olhar para o que acontece com você?"**, afinal, pela forma como a sociedade foi construída, as doenças não têm relação com outras esferas da nossa vida, o que é um grande erro. Tudo está interligado, o que precisamos é fazer os *links* corretos.

O terapeuta que não enxerga a vida dessa forma ou não se enxerga dessa forma, terá dificuldade de ajudar o paciente a ter esse olhar. Em contrapartida, o terapeuta que olha para suas próprias questões e lida com elas a partir das dificuldades que a vida traz, tem muito mais chance de ajudar seu paciente a superar suas dificuldades, afinal, ressignificar os próprios conflitos significa aumentar o repertório de recursos e a capacidade de enfrentar os desafios da vida.

Antes do Rafael terapeuta veio o Rafael ser humano, a pessoa. O indivíduo tem medos, inseguranças, traumas, mas também tem sonhos e o receio de não realizar ou não se sentir capaz de realizar esses sonhos. Quando conheci os mecanismos biológicos dos comportamentos e das doenças, pude entender por que eu tinha vivido o que vivi, qual era o motivo pelo qual a vida tinha me levado por aqueles caminhos e, com ajuda, pude encontrar um sentido em tudo aquilo.

Aquilo que me traumatizou se transformou em cura. Não uma cura estática, de algo definido, mas um movimento de evolução em direção àquilo que posso me tornar, em que cada coisa que me acontece é um degrau que subo na construção da minha identidade.

O garoto que se escondia dos olhares, hoje dá aulas, palestras e aparece na internet levando o conhecimento que o transformou para cada vez mais pessoas. A mesma dificuldade do passado em me expressar, hoje me ajuda a escrever esse livro e difundir essa forma diferente de ver as doenças e também a vida. E assim, de forma cíclica, a vida vai se fazendo.

Isso está disponível a todos nós, desde que tenhamos as chaves certas para as portas certas. Os seus sintomas contam a sua história e, através do entendimento e ressignificação deles, você pode construir uma nova história na sua vida. Esse aprendizado faz com que toda vez que passe por um desafio ou por um sintoma, eu me faça a mesma pergunta: **"O que a vida quer de mim com isso que estou vivendo?"**.

E essa é a mesma pergunta que faço a você que está lendo esse livro: "Qual o aprendizado que você pode tirar do sintoma que tem ou do que acontece na sua vida?". Talvez você não encontre a resposta sozinho, mas que bom que temos as Leis Biológicas para ajudar a encontrar os pontos cegos daquilo que precisamos ressignificar para evoluir.

“O paciente não melhora com aquilo que ele sabe. Ele melhora com aquilo que nem sabe que não sabe, os chamados ‘pontos cegos’.”

Rafael Livramento

Raquel Camargo Capellotto

Meu nome é Raquel Camargo Capellotto, natural de São Paulo/SP e atualmente residindo em Alphaville/SP.

Sou Fisioterapeuta Integrativa, pós-graduada em Fisioterapia do Trabalho, terapeuta holística, terapeuta em Leis Biológicas, máster em PNL, criadora dos métodos PositivaMente® e Fisioterapia da Alma®.

Acumulo mais de vinte mil horas de atendimentos individuais e em grupo, guiando centenas de mentorados no Brasil de forma presencial e, nos últimos três anos, de forma on-line. Também sou professora de dança do ventre terapêutica há trinta anos.

Superei grandes desafios e provei que é possível transpor barreiras e mudar a própria vida através do autoconhecimento e um desejo ardente em contribuir para um mundo melhor.

raquel.capellotto

Raquel Capellotto

positivamente.alpha@gmail.com

CULTIVANDO PENSAMENTOS POSITIVOS E RESILIÊNCIA

26

Por Raquel Camargo Capellotto

Logo que me graduei em Fisioterapia, com trabalho fixo no hospital em São Paulo e agenda cheia de pacientes domiciliares, eu me casei e fui morar em outro estado. Recomecei do zero, iniciei novos trabalhos, amizades e novas oportunidades surgiram. Após quatro anos, a família cresceu e nos sentíamos completos.

Por um capricho do destino, retornamos a São Paulo e também aos recomeços: nova casa, novo trabalho, novos amigos, nova vida. Tudo pronto para seguir a vida dos sonhos. Mas os desentendimentos surgiram e o casamento evoluiu em divórcio.

Hora de recomeçar: nova vida, nova casa, novo trabalho e tudo pronto para seguir a vida, agora com sonhos não sonhados. Aos poucos, fui reencontrando meu lugar ao sol, estudando, trabalhando, agenda cheia e a vida parecia fluir. Iniciei um novo relacionamento e poderia dizer que o sonho estava voltando a ter brilho.

Nessa época, notei que muitos pacientes retornavam com as mesmas queixas de antes. Isso me deixou pensativa. O novo relacionamento se apresentava com os mesmos desentendimentos. Isso me deixou ainda mais pensativa.

Como profissional da saúde, percebi, com certa frequência, que os pacientes não melhoravam como o esperado, mesmo com todas as técnicas mais modernas.

No campo pessoal, estava divorciada, com um filho pequeno, sem saber caminhar sozinha (achava que eu era "metade", que precisava de alguém para me completar) e queria um relacionamento diferente daqueles que eu já tinha vivido. Percebi que os meus relacionamentos apresentavam os mesmos problemas que observei nos pacientes anteriormente (insatisfação, escassez, desesperança e tristeza eram o tema central). Diante desse cenário, me vi sem saída. Mesmo que recomeçasse mil vezes, o resultado era o mesmo ou pior. Deveria haver um outro caminho!

Passei a buscar uma solução para minha vida. Iniciei os estudos na área da espiritualidade e do desenvolvimento pessoal. A partir dali, minha vida começou a seguir um rumo diferente e entendi os conceitos mais importantes dela.

- O primeiro conceito veio dos estudos na espiritualidade. Aprendi que a alma é indivisível, que o corpo descende do corpo, mas cada espírito é criado por Deus, e que cada ser é único e individual. Isso me trouxe leveza e completude, pois não precisava de outro para me completar.
- O segundo veio dos estudos em Programação Neurolinguística sobre causa e efeito, que diz: "Ou as coisas acontecem na nossa vida (efeito) ou fazemos as coisas acontecerem na nossa vida (causa)", e percebi que eu estava do lado efeito, numa posição vitimista e passiva, como refém de tudo aquilo. Quando entendi que as mudanças só dependiam de mim, da mudança de pensamentos, crenças e estados internos, me senti poderosa; afinal, eu podia transformar tudo o que dependesse de mim!
- O terceiro conceito era sobre a sintonia dos pensamentos, semelhante a um rádio que pode ser sintonizado numa determinada estação. A Ciência diz que temos cerca de 60 mil pensamentos por dia, que o pensamento é uma bomba de energia e, quanto mais pensamentos, mais energia é liberada; a qualidade desses pensamentos está intimamente relacionada às emoções, o que me levou a entender que pensamentos e sentimentos mudam a nossa vida.
- O quarto conceito ensinava sobre a linguagem, sobre o poder das palavras e como elas podem interferir na nossa vida. O Evangelho diz que a boca fala do que está cheio o coração, e a Ciência confirma que o significado que damos e a energia que colocamos nas palavras é mola propulsora de felicidade ou de infelicidade. Como isso fez sentido!
- O quinto conceito, mais profundo e poderoso, era de que as emoções geram reações químicas no corpo e nos viciamos em determinados

sentimentos. Reavaliei as situações e descobri que meu corpo estava habituado àquelas substâncias resultantes das emoções que me eram rotineiras; estava uma "dependente química"!

Diante dessas descobertas e o cenário em que me encontrava, comecei pelo mais "fácil". Se a mudança de pensamentos poderia mudar a vida, então poderia focar nos pensamentos positivos. *Good vibes only*. Olhar só o lado bom das coisas parecia um bom começo, mas não contava com a positividade tóxica: uma infeliz e ineficaz estratégia para afastar as dores e invalidar qualquer desconforto interno; evitar as dores causa mais danos, porque ficam lá, "esquecidas", e vão ocupar um espaço na mente e se acomodar no inconsciente.

Sentimentos como tristeza, raiva, desesperança, medo existem e fazem parte da vida. O renomado psicoterapeuta e palestrante Rossandro Klinjey diz que "não devemos parar o nosso carro na vaga da felicidade perpétua, nem na vaga da infelicidade infinita"; ou seja, não devemos mergulhar nas dores e tristezas, nem viver na onda das "good vibes only". Encontrar o equilíbrio e compreender que os momentos ruins não nos tornam pessoas fracas, inadequadas, pequenas ou incapazes faz parte do processo evolutivo.

Se a boca fala sobre o que está no coração, o jeito é modificar as palavras e os sentimentos. A Ciência já comprovou o impacto das palavras no cérebro, frases que expressam dor, tristeza, tragédia, ódio e vingança potencializam o estresse, enquanto as palavras que remetem à alegria, felicidade, beleza, amor, compaixão e gentileza potencializam sentimentos mais benéficos. Qualquer linguagem vai passar pelo mesmo processo, sejam palavras faladas, escritas, linguagem de sinais ou movimentos corporais, pois são expressões dos pensamentos e dos sentimentos.

A partir de todos esses aprendizados, fui colocando em prática tudo que aprendi. Mergulhei na área do desenvolvimento pessoal e encontrei uma forma simples de mudar os sentimentos, os pensamentos e as palavras, conquistando mais saúde física, mental, emocional, espiritual e relacional, simplesmente usando a fisiologia a meu favor, e que vou compartilhar algumas estratégias com você.

O cuidado com o corpo é primordial, pois além dele ser o companheiro inseparável durante a vida, é através dele que vamos fazer tudo o que desejarmos. Cuidados básicos como hidratação, alimentação, sol, sono e atividade física são essenciais para a saúde mental também. Semelhante a um campo que é preparado para receber as sementes, a colheita será de acordo com a qualidade do terreno e das sementes; assim é o nosso corpo, o terreno biológico. Escolha um desses cuidados que precise de mais atenção e foque nele!

Uma estratégia importante é o capricho. É fazer uma tarefa ou atividade com atenção aos detalhes, cuidado e dedicação. Significa fazer aquilo da melhor maneira possível, independente se a tarefa é grande ou pequena. A Neurociência diz que fazer as coisas com capricho traz uma sensação de realização e satisfação pessoal, porque sabe que fez o seu melhor. Um trabalho que se faz com capricho tem melhor qualidade e as pessoas nos veem de uma forma mais positiva. Além disso, aprimora as habilidades, desenvolve uma mentalidade de melhoria contínua, fortalece relacionamentos pessoais e profissionais, demonstra respeito e consideração. No entanto, a falta de capricho leva ao trabalho de baixa qualidade, compromete a carreira, os relacionamentos pessoais e profissionais, leva à insatisfação pessoal, porque se sente subutilizado. A falta de capricho pode levar a mal-entendidos, conflitos, prejudicar relacionamentos, perder oportunidades, já que as pessoas que demonstram capricho, muitas vezes, são mais reconhecidas e valorizadas em ambientes pessoais e profissionais. O que você pode fazer com mais capricho a partir de hoje?

Outra estratégia muito boa vem com a música. Ela exerce um efeito muito rápido no corpo, é capaz de desencadear reações emocionais profundas, alterando estados de humor, motivações, provocando dores e êxtases, entre outros tantos coloridos emocionais, e refletem fisiologicamente, promovendo reações neuroquímicas no corpo. Algumas músicas nos fazem querer correr uma maratona inteira, outras nos fazem querer cair na cama e chorar, enquanto outras nos fazem viajar no tempo. Se podemos usar a fisiologia a nosso favor, convido você a ouvir as músicas que você gosta, aquelas que trazem mais alegria e disposição. Cantar alto, dançar, pular, batucar; pouco importa se está no ritmo, se não sabe dançar nada ou se acha desafinado. O importante é vibrar com a música, movimentar o corpo, cantar, se divertir, deixar a energia circular. Animado para escolher sua trilha sonora?

Comece pelas pequenas coisas, abra espaço para a vida surpreender você, abra espaço para as possibilidades. Tudo tem que começar fazendo e é fazendo que a gente aprende, não adianta ficar só na teoria. No começo, a gente fica sem jeito, mas com a prática vai ficando bom. É como uma criança que está aprendendo a andar, vai sem muito equilíbrio, cai, recomeça e assim sucessivamente, até sair andando com destreza.

Em um primeiro momento, você pode achar difícil, trabalhoso ou até ficar desencorajado a colocar essas estratégias em prática; mas acredite, se eu consegui, você também consegue! Sempre é tempo de recomeçar; podemos mudar tudo aquilo que estiver sob nosso controle; fazer diferente para resultados diferentes.

Se quiser se aprofundar nesse assunto, estou pronta para guiar você nessa jornada de transformação. Entre em contato através das minhas redes sociais que estão aqui, e vamos juntos seguir um novo caminho!

Referências bibliográficas

ACHOR, S. *Jeito Harvard de ser feliz*. São Paulo: Benvirá, 2012.

BEN-SHAHAR, T. *Seja mais feliz, aconteça o que acontecer*. Rio de Janeiro: Principium, 2022.

BANDLER, R.; GRINDER, J. *Introdução à Programação Neurolinguística*. Rio de Janeiro: Alta Life, 2019.

BOWEN, W. *Pare de reclamar e concentre-se nas coisas boas*. Rio de Janeiro: Sextante, 2009.

CHIARELLI, C. *Desenvolvimento pessoal*. [*s.l.*]: Eireli, 2022.

CURY, A. *As poderosas ferramentas de gestão da emoção para relações saudáveis*. [*s.l.*]: Dreamsellers, 2022.

MONDUCCI, D. *Saúde e vida*. São Bernardo do Campo: Correio Fraterno ABC, 2016.

LOPES, B. B. F. *Nova abordagem terapêutica*. [*s.l.*]: Instituto e Editora Cintia Chiarelli, 2020.

KARDEC, A. *O evangelho segundo o espiritismo*. São Paulo: Ide, 2004.

KLINJEY, R. *Eu escolho ser feliz*. São Paulo: Editora Letramais, 2018.

YABUSHITA, R. *A energia próspera*. São Paulo: Scortecci, 2017.

“Tudo tem solução; se não tem, é porque não procuramos o suficiente.”

Raquel Camargo Capellotto

Créditos: Sónia Lumeka @kaylina.photos.

Samba Eduardo André

Meu nome é Samba Clotilde Franga Eduardo André, angolana residente em Luanda. Sou casada há dez anos com o Nelson André e temos três filhos: Ifeoma Salomé, Ifedi Salomão e Ifeanyi Samara.

Geóloga, consultora e professora, com quatorze anos de experiência. Sou escritora de obras científicas e literárias e dona do Grupo ISEA. Também sou terapeuta integrativa desde 2022, atuando com a leitura biológica e terapia capilar.

Descobri pela integrativa que na minha história de vida e da minha família, estão as respostas para os meus sintomas. Hoje, aprofundo o meu autoconhecimento e realizo o desejo de ajudar meus pacientes na compreensão de seus sintomas pela sua história de vida.

samba.andre.terapeuta

conscienciaexpandida.ao

+244 (923) 385-910

samba.andre@iseacomserv.com

SINAIS E SINTOMAS CAPILARES NA VISÃO BIOLÓGICA

27

Por Samba Eduardo André

Sou angolana e com um cabelo típico negroide, cabelos crespos, segundo a classificação capilar quanto a origem racial. Um tipo de cabelo que a história revela um cenário de tabus e crenças sobre os mesmos vindo desde o tempo colonial (anos 1800).

Nossos antepassados foram levados a acreditar que o que carregavam por natureza não era bom, belo ou aceitável, induzidos a ocultar seus fios e muitas vezes a transformá-los para atingir um padrão de beleza preestabelecido. Transformações muitas vezes agressivas para a própria saúde, comprometendo até o crescimento de novos fios. Essas crenças foram passadas de geração em geração e até os dias de hoje, apesar de uma boa parcela da sociedade dar lugar a aceitação de si (do seu cabelo), ainda existem pessoas (mulheres em geral) que mantêm suas crenças bem enraizadas e não se permitem usufruir do natural, nem ao menos dar-se a oportunidade de se conhecer.

Acredito na existência de uma força superior e que somos criados a sua imagem e semelhança, fortalecendo a ideia de que somos feitos do jeito certo. Toda e qualquer transformação que desejamos fazer será para realçar o que somos, e não para transformar nossa essência com o perigo de não nos permitirmos atingir o necessário autoconhecimento para uma evolução saudável na escala da vida!

E você pode perguntar agora: "Mas não é só cabelo? Que importância tem este anexo do nosso corpo?".

Acompanhe a seguir a importância que ele representa.

O cabelo na visão biológica: a importância do estudo dos sinais e sintomas capilares

Nem toda a alteração que nosso couro cabeludo e fios apresenta é considerada uma patologia, daí optar pela nomenclatura, sinais e sintomas, referindo-se "aos sinais como as manifestações percebidas geralmente por um profissional capilar e aos sintomas como as queixas apresentadas pelo paciente em relação ao que este sente".

Perceber os sinais e sintomas que nosso cabelo apresenta, requer de nós uma atenção sobre nós mesmos e uma cultura de procura por profissionais da saúde para cuidado e manutenção da saúde capilar.

O cabelo pertence aos órgãos anexos da pele e, portanto, é um dos órgãos atendidos por último durante a priorização metabólica. É igualmente considerado um depósito de informações sobre o nosso estado de saúde. É através de testes de frações de cabelo que se obtém um diagnóstico diferencial de desequilíbrios específicos, ou para avaliar as disfunções nos transportes, na retenção ou na excreção dos elementos inerentes ou não à vida.

Biologicamente, o estudo de qualquer sinal ou sintoma de qualquer paciente nos remete à tríade **percepção-cérebro-órgão**. O modo como percebemos o meio/situações vividas é responsável pela ativação de um modo de gestão cerebral específica, levando ao registro ou manifestação por algum órgão do nosso corpo.

Assim, na visão biológica, o cabelo é percebido como **proteção**. Características como poder, sensualidade, sedução e apego são incluídas na simbologia oculta desse anexo da pele uma vez que para o ser humano o cabelo possui a noção de estética.

O couro cabeludo refere-se à parte da pele que cobre o crânio, é um revestimento contínuo, flexível e resistente e composto de várias camadas. Um tecido protetor na superfície (a epiderme) e um tecido de suporte nutritivo profundo (a derme), que contém inúmeros vasos sanguíneos dos quais a raiz do cabelo (o folículo piloso) desenvolve uma zona de troca para retirar a energia vital para o cabelo.

Um couro cabeludo saudável e equilibrado é sinônimo de boa saúde integral e torna-se propício para o crescimento de um cabelo bonito e cheio de vitalidade. E também capaz de desempenhar as suas funções como barreira física e isolante térmico.

Sendo a epiderme a camada mais superficial da pele, os seus numerosos receptores de natureza sensorial têm por missão trazer ao cérebro as informações captadas pelo toque ou tato. Percebendo a partir destes os conflitos de contato – separação, ou seja, ter medo de estar separado ou querer estar separado.

Somos animais de sangue quente e o calor do contato gera proteção. Pelo contrário, a perda do contato físico (frio) é interpretada pelo cérebro como um conflito de separação.

Estrutura capilar & ciclo de crescimento

A estrutura da haste capilar é formada por três subestruturas básicas, sendo a medula a parte central da haste capilar, não interfere na estrutura capilar e pode estar presente ou não; o córtex, o coração do cabelo, onde ocorrem as transformações como cor e forma, e as cutículas, a parte externa da haste capilar. Estas últimas não se regeneram e perdem-se por conta de processos mecânicos e químicos.

O crescimento capilar é subdividido em três fases:

- **Fase anágena** (80%): crescimento do fio em ritmo acelerado; com duração de 3 a 5 anos.
- **Fase catágena** (1%): crescimento estagnado, com duração de 2 a 3 semanas.
- **Fase telógena** (19%): ocorre a queda do fio, com duração de 3 a 4 meses.

O ciclo de crescimento capilar perfaz uma média de 3 a 5 anos. Grandes perturbações psicossomáticas podem levar ao desequilíbrio desse ciclo e conduzir a anomalias capilares.

Principais sinais e sintomas capilares e suas causas biológicas

Como vimos no início, os sinais são as manifestações percebidas geralmente por um profissional da área capilar e os sintomas são as queixas apresentadas pelo paciente em relação ao que este sente.

Cor, textura, espessura e densidade capilar são sinais determinados geneticamente – o equilíbrio hormonal, a falta ou excesso de vitaminas e minerais são os seus fatores condicionantes. Podem de igual modo sofrer alguma alteração pela exposição aos fatores externos como calor e humidade.

Os sintomas capilares possuem várias e específicas nomenclaturas. Vou aqui agrupar em três grandes grupos e abordar um tipo para cada grupo, trazendo a visão biológica para cada um.

1. Sintomas da haste capilar: alopecia.
2. Sintomas do couro cabeludo: caspa.
3. Sintomas de infecção: pediculose.

Alopecia é dos sintomas que gera maior preocupação por parte do paciente. Corresponde a uma queda parcial ou total de cabelos. Biologicamente está relacionada a um conflito de contato/separação, o paciente se sente desprotegido e inseguro. A localização da alopecia pode indicar o clima no qual se viveu a separação, por exemplo, uma queda no vértice nos remete a uma noção de hierarquização.

Caspa é dos sintomas mais comuns e, consequentemente, mais negligenciado. Caracterizada pela descamação do couro cabeludo em flocos esbranquiçados soltos de tamanho variável. Na visão biológica, também está relacionada a um conflito de contato/separação, o corpo reage de modo a atenuar a dor causada pela rutura do contato. Uma boa questão para reflexão seria: o que você gostaria de ter, mas se sente impotente para adquirir?

Pediculose é uma infecção parasitária (piolhos) que atinge principalmente as crianças. A visão biológica nos remete a coesão do clã. O que o seu sistema familiar está atravessando que possa perigar esta coesão? Divórcios? Brigas? Catástrofes? São algumas reflexões a se ter em conta.

Avaliação e diagnóstico

Muito mais do que partilhar alguns métodos de avaliação, pretendo trazer à consciência a importância de a avaliação capilar ser feita por um profissional. Através dela, é possível conhecer o estado de saúde e juntamente desenhar o melhor plano de recuperação para a condição de cada paciente.

Durante a minha sessão de avaliação, é primordial o preenchimento da ficha de anamnese, um momento em que aplicamos a tríade **investigação--conscientização-equílibro**. Investigamos o histórico do paciente desde os sinais e sintomas prévios até medicamentos em uso; hábitos de vida; e hábitos com o cabelo. Investigamos igualmente por meio de testes manuais; tricoscopia e bio ressonância o estado do couro cabeludo e fios para se alcançar a hipótese de diagnóstico. Após investigação, é o momento de conscientização do estado do paciente; abordamos as possíveis causas dos sinais e sintomas apresentados e traçamos um plano de ação para a melhoria do paciente. Na fase de equilíbrio, são definidas as responsabilidades do terapeuta e do paciente para o alcance do equilíbrio da saúde no geral.

A abordagem integrativa permite olhar o paciente através das diferentes esferas da vida, corpo, mente e espírito. A aplicação das leis biológicas em cada avaliação permite chegar no ponto de partida dos sinais e sintomas e, a partir deste, ressignificar a percepção vivida (real ou não) e trabalhar no sentido de equilíbrio.

O cabelo sempre cresce! Além das situações em que temos alguma condição que impeça este mecanismo. Seu corpo comunica... e a sua história de vida carrega toda a informação necessária para compreender os seus sintomas!

Um pouco sobre a minha jornada capilar

Nem sempre usei o cabelo natural; alisei aos 14 anos por falta de conhecimento sobre os cuidados capilares. Hoje sou terapeuta capilar e uso o meu cabelo natural há 12 anos. Iniciei o processo de transição e me apaixonei pelo natural. Foi assim que decidi não mais alisar. Fui percebendo ao longo desse tempo que tomar essa decisão é definir um novo estilo de vida. Um estilo de autocuidado acima de tudo, um estilo de decisões conscientes nas diferentes áreas da vida, afinal, o cabelo é o resultado do que somos e vivemos.

Cada paciente meu percebe a importância da auto-observação, o conhecer-se da forma mais profunda possível para assim fazer as escolhas mais acertadas, para compreender as possíveis alterações (sinais e sintomas) em seu couro cabeludo e fios, para cultivar o hábito de consultar os profissionais de saúde capilar e não só, a fim de reverter os sintomas e evitar situações mais graves.

Lembre-se de que esses são alguns dos sintomas capilares e a leitura biológica não se limita a eles. Caso você queira compreender a história por trás do seu sintoma, me siga nas redes sociais, agenda a sessão e permita-se evoluir mais um degrau na escala da sua vida!

Referência bibliográfica

GEOVANA, N. Qual a diferença entre sinais e sintomas de uma doença? *Médico Responde*, 2023. Disponível em: https://medicoresponde.com.br/qual-a-diferenca-entre-sintomas-e-sinais-de-uma-doenca/. Acesso em: 21 ago. 2024.

“Seu corpo comunica... e a sua história de vida carrega toda a informação necessária para compreender os seus sintomas!”

Samba Eduardo André

Tatiana D'Anton

Meu nome é Tatiana D'Anton, 45 anos, mãe de Helena, Laura e Pedro e casada com o Mario Tiellet, meu grande amor.

Formada há mais de vinte anos em Fisioterapia, sou homeopata e coach Integral Sistêmico. Pós-graduada em Fisiologia do Exercício, Dermatofuncional e Reprogramação Epigenética Eficiente.

Trabalho com as técnicas de Microfisioterapia, Terapia Manual Evolutiva (TME), Psych-K®, Dermoneuromodulação e Fisioterapia Integrativa.

Através do autoconhecimento, ressignifiquei e superei muitos desafios. Hoje ajudo muitas pessoas, e isso me traz uma enorme alegria.

tatianadanton

www.tatianadanton.com

tatidanton@gmail.com

NÃO SEJA REFÉM DOS SEUS SINTOMAS

VOLTANDO AO MEU LUGAR

RESSIGNIFICAR – O PODER DA TRANSFORMAÇÃO

28

Por Tatiana D'Anton

Em março de 2019, minha vida tomou um rumo inesperado quando descobri um nódulo no lobo direito da tireoide. Eu já tratava o hipotireoidismo há anos e, após a realização de exames específicos e ouvir algumas opiniões médicas, decidimos pela cirurgia de retirada da glândula, realizada em 2020. No entanto, antes mesmo desse período, já havia iniciado um processo profundo de autoconhecimento através de cursos e formações em terapias integrativas, buscando entender como os traumas impactam nosso corpo e nossa saúde, e como mente, corpo e alma estão conectados.

A tireoide, essa pequena glândula na parte anterior do pescoço, é crucial para nosso metabolismo e nossa capacidade de resposta rápida. Ela secreta dois hormônios, a triodotironina (T3) e a tetraiodotironina (T4), ambos essenciais para acelerar processos metabólicos catabólicos, permitindo-nos reagir rapidamente. Foi quando tive contato com as Leis Biológicas que ganhei um novo olhar sobre o que poderia ter desencadeado o surgimento do nódulo.

Em fevereiro de 2018, grávida de 6 meses do meu menino Pedro, eu morava em Santos/SP. Certo dia, recebi uma ligação de minha mãe, que estava na praia com meu pai. A voz dela carregava uma preocupação e desespero que nunca havia ouvido antes: "Tati, seu pai está passando mal! Muito mal, e o Samu não chega!". O desespero tomou conta de mim. Corri para a praia, pedi ajuda a alguns guardas municipais e entrei com o carro na areia para ajudar a socorrê-lo. Ao vê-lo sentado em uma cadeira, pela posição em que estava, logo pensei: "É um AVC, meu Deus, preciso ser rápida para chegar a um hospital". Esqueci que estava grávida e, com a ajuda do meu irmão, da minha mãe e de alguns homens que estavam por perto, conseguimos colocá-lo no carro e correr para um hospital.

Como não sou de Santos e estava residindo lá há pouquíssimo tempo, não sabia nem para onde levá-lo. Os médicos que o socorreram, pois ele estava próximo de uma barraca de associação dos médicos, me orientaram a levá-lo para a Santa Casa. Fui dirigindo como uma louca pela cidade, enquanto os guardas municipais iam na frente, abrindo caminho no trânsito. E eu só pensava: "Preciso ser rápida!". Demos entrada no hospital e imediatamente ele foi atendido, entubado e encaminhado para fazer uma tomografia. Disseram-nos para aguardar, pois um neurocirurgião já estava lá esperando o resultado da tomografia. Uns trinta minutos depois, muito aflitos, o neurocirurgião veio ao nosso encontro e, "engolindo seco", disse que não havia mais nada a fazer, pois tinha sido um AVC hemorrágico muito extenso e não daria para levá-lo à cirurgia.

Era um domingo, na hora do almoço. Meu marido me ligou; ele estava em uma conexão de uma viagem internacional a trabalho, e eu contei que estávamos no hospital. Sem saber o que fazer, ele seguiu viagem, chegou ao destino final, ficou um dia e decidiu voltar. Então, na quarta-feira, a morte cerebral do meu pai foi confirmada. Decidimos doar os órgãos, como ele queria. Vivi os dias mais tristes de toda a minha vida. Meu marido chegou no dia do enterro. Perdi meu pai e meu médico, que cuidava da minha tireoide, pois era ele o meu médico endócrino.

A sensação devastadora de "não fui rápida o suficiente" me marcou profundamente. Após a cirurgia da tireoide, compreender que esse sentimento de urgência e impotência havia impactado minha saúde foi um divisor de águas. As Leis Biológicas me ajudaram a ressignificar essa experiência dolorosa, transformando o trauma e os diagnósticos médicos em aprendizado e crescimento.

Hoje, ressignificar é mais do que uma palavra para mim. É uma jornada de autodescoberta e cura, em que cada desafio se torna uma oportunidade para renascer mais forte. É uma nova visão que me permite viver com mais leveza e propósito, ajudando outras pessoas a encontrarem o caminho para a sua própria transformação.

A vida nos desafia, mas também nos oferece a chance de ressignificar nossas experiências, de encontrar significado nas dores e, assim, emergir mais resilientes e plenos. Este é o poder da ressignificação – transformar o sofrimento em força, a perda em sabedoria e a vida em um lindo e contínuo renascimento.

Cada desafio é uma oportunidade para crescermos e descobrirmos a verdadeira essência da vida. A verdadeira transformação acontece quando escolhemos ver cada experiência como uma oportunidade de renascer. A vida nos oferece a chance de encontrarmos luz nas sombras, transformando sofrimento em sabedoria. E Deus é tão maravilhoso, mas tão maravilhoso, que em poucos meses eu estava com meu terceiro filho nos braços, celebrando a vida.

A jornada que percorri para ressignificar esse episódio não foi fácil, mas cada passo foi essencial para a transformação que vivi. Através do autoconhecimento e da compreensão das conexões entre mente, corpo e alma, encontrei a força para superar os desafios e transformar a dor em aprendizado.

As outras práticas que também trabalho, como a Microfisioterapia, Terapia Manual Evolutiva (TME), Psych-K®, Dermoneuromodulação e Fisioterapia Integrativa, que integram meu trabalho, me permitiram não apenas tratar os sintomas físicos, mas também acessar e curar as raízes emocionais dos problemas de saúde. A cada sessão, cada paciente que atendo, vejo como o entendimento profundo do corpo e das emoções pode levar a uma cura verdadeira e duradoura.

Quando descobri o nódulo na tireoide, foi um momento de grande temor e incerteza. Eu já estava familiarizada com os desafios do hipotireoidismo, mas a perspectiva de uma cirurgia e a possibilidade de complicações trouxeram à tona medos profundos. No entanto, ao mergulhar no autoconhecimento e nas terapias integrativas, comecei a ver esse desafio como uma oportunidade de transformação.

O contato com as Leis Biológicas me ofereceu uma nova compreensão das ligações entre nossos traumas emocionais e a manifestação de doenças físicas. Pude ver como o estresse, o medo e a sensação de impotência que experimentei durante o episódio traumático com meu pai contribuíram para a formação do nódulo na minha tireoide. Essa compreensão foi libertadora e me permitiu transformar uma experiência dolorosa em um catalisador para a cura e o crescimento.

O que aprendi através dessa jornada é que a verdadeira cura vai além do tratamento dos sintomas físicos. Ela envolve a integração da mente, corpo e alma, e o reconhecimento de que nossos traumas e emoções têm um impacto profundo na nossa saúde.

Essas abordagens me permitiram não apenas lidar com o nódulo na tireoide, mas também transformar minha abordagem à vida e à saúde. Encontrei o propósito de ajudar outras pessoas a percorrerem suas próprias jornadas de autoconhecimento e cura, mostrando que é possível ressignificarem suas experiências e emergirem mais fortes.

A ressignificação é um processo poderoso que transforma a maneira como vemos e respondemos aos desafios da vida. É a capacidade de encontrar novos significados nas experiências dolorosas e usá-las como combustível para o crescimento e a transformação. Ao ressignificar minha própria experiência, descobri uma força interior que nunca soube que tinha e um propósito renovado em ajudar os outros.

A sensação de impotência que senti com a perda do meu pai foi um ponto de inflexão. Ao reconhecer como esse trauma impactou minha saúde, pude começar a trabalhar na cura emocional e física. Compreender que minha tireoide havia respondido a um conflito emocional profundo me permitiu ver minha saúde sob uma nova percepção.

Hoje, uso essa compreensão para ajudar meus pacientes a verem seus próprios desafios de saúde como oportunidades de crescimento. Eles podem acessar suas emoções e traumas e começar o processo de ressignificação. É uma jornada que exige coragem e vulnerabilidade, mas os resultados são profundamente transformadores.

O nascimento do meu terceiro filho, Pedro, poucos meses após a partida de meu pai, foi um presente divino. Em meio à dor e à perda, a chegada dele trouxe uma nova esperança e alegria. Ele é um lembrete diário do poder da vida e da capacidade de renascer, mesmo após as maiores adversidades.

Cada desafio que enfrentei me preparou para ser uma mãe mais forte, uma terapeuta mais empática e uma pessoa mais resiliente. A vida continua a nos testar, mas com cada teste vem uma oportunidade de ressignificar e crescer. Minha jornada é um testemunho do poder da transformação e da importância de ver cada experiência como uma oportunidade de renascimento.

Ressignificar não é apenas superar a dor, mas é encontrar um novo propósito e significado em cada desafio. É a capacidade de ver além da adversidade e encontrar a luz nas sombras. Essa jornada de autodescoberta e cura é contínua, e cada dia traz novas oportunidades de crescimento e transformação.

Através das experiências que vivi, encontrei um caminho de propósito e paixão. Minha missão agora é ajudar outras pessoas a encontrarem o mesmo.

Cada sessão é uma oportunidade para ajudar alguém a acessar sua força interior e transformar suas experiências dolorosas em sabedoria e crescimento. É um trabalho que faço com o coração cheio de gratidão e esperança, sabendo que cada pequena transformação contribui para um mundo mais saudável e resiliente.

O processo de ressignificação é contínuo e requer compromisso e dedicação. Mas os resultados são profundamente recompensadores. Ao abraçar a jornada de autoconhecimento e cura, cada um de nós pode descobrir a verdadeira essência da vida e viver com mais propósito, alegria e paz.

Em resumo, ressignificar é transformar dor em força, encontrando novos significados e renascendo mais resiliente. É um processo que exige coragem e determinação, mas que traz consigo uma nova visão de vida e um propósito renovado. E é essa jornada de ressignificação que desejo compartilhar com todos, ajudando cada pessoa a encontrar sua própria luz nas sombras e emergir mais forte e plena.

“Ressignificar é
transformar dor
em força, encontrando
novos significados
e renascendo
mais resiliente.”

Tatiana D’Anton

Telma Tavares

Sou a Telma Tavares, mineira, apaixonada por gatos e pela busca de conhecimento. Fisioterapeuta há mais de vinte anos, percebi ao longo da minha jornada que vários clientes retornavam após o tratamento relatando os mesmos sintomas, e isso me intrigava.

Iniciei em 2013 uma busca por abordagens que trabalhassem o indivíduo de forma integral: corpo, mente e espírito. Descobrindo o vasto mundo do autoconhecimento por meio das técnicas integrativas, experenciei e pude conduzir outras pessoas a compreender os vários conflitos e comportamentos que nos levam a adoecer.

Acredito que cada indivíduo é único e merece um plano de cuidado personalizado, que promova o autoconhecimento e uma nova forma de olhar para a vida.

telmatavaresmicrofisioterapia

+55 (21) 98002-2512

fisio.telmatavares@gmail.com

NÃO SEJA REFÉM DOS SEUS SINTOMAS

VOLTANDO AO MEU LUGAR

HIPERTENSÃO ARTERIAL: QUAL É A RAIZ DESSE SINTOMA?

29

Por Telma Tavares

Escolher o tema para escrever este capítulo foi algo desafiador, porque falar de um sintoma que a medicina convencional e o senso comum nos fizeram acreditar que é uma doença crônica e sem cura, que se meus pais ou avós tiveram também terei, é mudar um paradigma muito profundo e, algumas vezes, bem dolorido.

Quando falamos da Hipertensão Arterial Sistêmica (HAS), a popular "pressão alta", estamos nos referindo a uma doença crônica, que foi caracterizada pela OMS (Organização Mundial de Saúde) pelos níveis elevados da pressão sanguínea nas artérias, estabelecendo os valores das pressões máxima e mínima sendo iguais ou ultrapassando os 140/90 mmHg (ou 14 por 9).

No entanto, convido vocês a olharem para a HAS não como uma "doença crônica" e debilitante, mas sob o olhar da Medicina Germânica (MG), que ao utilizar uma abordagem diferente e inovadora, busca identificar o conflito biológico que promoveu tal sintoma, encontrando a causa raiz que levou ao aumento da pressão arterial e, assim, promovendo uma melhor compreensão do sintoma e consequente reestabelecimento do bem-estar.

Normalmente, o que observamos é que muitas pessoas procuram a medicina convencional quando descobrem que a pressão arterial se encontra alta, iniciando assim o tratamento medicamentoso com o objetivo de restabelecer os níveis pressóricos. Mas o que se observa é que essas pessoas mesmo em uso de anti-hipertensivos continuam a ter picos de pressão. Como isso é possível? É possível porque os medicamentos não estão atuando na causa raiz, mas tentando apenas diminuir a pressão arterial, que é a consequência de alguma alteração biológica. Vamos entender um pouco melhor como o aumento da pressão arterial pode ocorrer.

Na fase ativa (simpaticotonia) de um conflito, aquela fase em que o corpo está reagindo a um choque biológico, é esperado que o indivíduo tenha um aumento da pressão arterial, pois quando o cérebro identifica uma ameaça, seja ela real ou a releitura de uma situação de perigo, a amígdala cerebral é acionada e envia um sinal de alarme ao hipotálamo, que é o centro de comando do sistema nervoso autônomo, ativando o sistema nervoso simpático e promovendo a liberação de hormônios de estresse, principalmente a adrenalina e a noradrenalina pelas glândulas adrenais, localizadas acima dos rins. Estes hormônios do estresse provocam uma série de mudanças no corpo para prepará-lo para ação imediata.

Uma das mudanças mais significativas é o aumento da pressão arterial, que ocorre como consequência da elevação da frequência cardíaca, pelo volume de sangue sendo bombeado pelo coração a cada minuto e pela vasoconstrição das arteríolas, que reduzem de diâmetro, aumentando a resistência ao fluxo sanguíneo. Desta forma, o aumento da pressão arterial surge como uma resposta adaptativa, que visa fornecer mais oxigênio e nutrientes aos órgãos vitais, preparando o indivíduo para lutar ou fugir diante de um estresse, ou seja, ela é uma resposta biológica específica a algum conflito. No entanto, após a ameaça ou o conflito serem resolvidos, esperamos que a pressão arterial retorne aos valores normais pois, neste momento, com a redução da atividade simpática, os níveis dos hormônios circulantes diminuem, reduzindo a frequência cardíaca e fazendo os vasos dilatarem novamente, e o sistema parassimpático (vagotonia) entra em ação, promovendo o relaxamento.

Porém, se o aumento da pressão persiste, a pessoa pode estar vivenciando situações que a mantém no conflito. Como no estresse crônico, em que a pessoa está continuamente exposta a situações de sobrecarga ou conflitos frequentes, contribuindo para uma série de problemas de saúde, incluindo doenças cardíacas, acidentes vasculares cerebrais e danos aos vasos sanguíneos. Diante disso, é importante ressaltar que o aumento da pressão arterial é a consequência, e não a causa desses problemas, nos mostrando que a HAS nem sempre é a vilã.

Como encontrar a raiz desse problema? Devemos levar em consideração que a HAS é uma conjuntura de um conflito, nos alertando que podemos ter mais de um conflito biológico envolvido. Em uma primeira abordagem ao cliente, é necessário indagar sobre o uso de algumas medicações, como cortisona e imunossupressores, além do uso de álcool e drogas, pois essas substâncias podem desencadear efeitos simpaticotônicos, contribuindo para o aumento da pressão arterial. A partir daí, segue-se a pesquisa de outras situações que podem contribuir para o quadro de HAS.

O tipo mais comum e frequente de HAS é a alteração da musculatura lisa dos vasos em fase ativa, presente quando vivenciamos um conflito de tensão ou sobrecarga continua, como uma preocupação excessiva com a sobrevivência, que leva, por exemplo, o cliente a expressar frases do tipo: "Eu tenho que suportar tudo", "Minha vida é uma constante luta" etc. Isso faz com que ocorra uma tensão sobre a musculatura dos vasos, causando uma contração prolongada sobre as paredes e aumentado a resistência vascular e, consequentemente, os valores pressóricos.

Outra situação que pode ser evidenciada são as alterações no miocárdio direito, associadas aos conflitos de território, especificamente relacionados a situações de sobrecarga ou desafios percebidos na defesa ou manutenção do território. A pessoa pode ter a percepção de que está ocorrendo uma invasão, perda ou ameaça ao próprio território, que pode ser físico (como a casa, local de trabalho) ou relacional (amizade, relação conjugal, posição social). Esses conflitos, quando não resolvidos, mostram que o estresse pelo qual a pessoa vem passando é contínuo, e isso pode manter a ativação simpática constante. Dessa forma, sobrecarrega o miocárdio direito, que aumenta de tamanho e obriga o lado esquerdo do coração a bombear sangue com mais força para compensar a fraqueza do lado direito, aumentando a pressão de forma compensatória.

Conflitos evidentes também em pessoas com HAS são os conflitos de líquido, aqueles que afetam o parênquima renal. Durante a fase ativa do conflito (simpaticotonia), pode ocorrer necrose do tecido renal, levando a uma diminuição da função renal, promovendo uma adaptação biológica para minimizar a perda de fluidos corporais, reduzindo a produção de urina e ajudando a conservar água durante períodos de estresse relacionado ao conflito. Essa retenção de líquidos aumenta o volume sanguíneo, resultando em alteração da pressão arterial, na tentativa do corpo em garantir o recebimento de oxigênio suficiente em todos os tecidos no momento do estresse. Os conflitos de líquido estão relacionados ao medo de afogamento, de inundações, ou mesmo a sensação de nos sentirmos "afogados" por muitas responsabilidades. Acrescentamos aqui também, além das situações em que o líquido, propriamente dito, nos causou ameaça, situações com o líquido de modo figurado, como perdas financeiras.

Assim como o parênquima renal, os canais coletores dos rins também podem estar afetados na HAS, porém, por conflitos diferentes. Responsáveis por regular a reabsorção de água e eletrólitos, bem como pela concentração da urina, eles desempenham um papel crucial do equilíbrio hídrico e eletrolítico no nosso corpo. Quando afetados por conflitos de abandono ou medo de perder a segurança básica, ocorre uma proliferação celular nos canais coletores dos rins, o que pode levar ao aumento da absorção de água e sais, resultando em retenção de líquidos e consequente aumento da pressão arterial. Esse conflito é muito comum entre nós. Quem aí nunca se sentiu desamparado, sozinho, com a sensação de abandono, e se viu cantarolando em alta voz: "Eu 'tô' perdido, sem pai nem mãe...", que atire a primeira pedra.

O aparecimento da HAS também pode estar associado ao conflito de direção de vida, que impacta significativamente a função das glândulas suprarrenais. Esse conflito é um dos tipos de conflito que recebo com muita frequência no consultório, e que muitas vezes vem associado aos conflitos de líquido e abandono. O que observamos neste cliente é um estado de incerteza, dúvida ou crise em relação ao caminho que deve seguir na vida. É muito frequente encontrar pessoas que estão em transição de carreira, mudança de cidade, de emprego, términos de relacionamentos ou outras mudanças significativas que na visão desse indivíduo vão impactar o futuro. Durante a fase ativa do conflito de direção de vida, o corpo entra em um estado de simpaticotonia, levando a medula suprarrenal a aumentar a produção de adrenalina e noradrenalina e a córtex suprarrenal aumentar a produção de cortisol. Tudo isso contribui para o aumento da pressão arterial e, se sustentado por longos períodos, pude observar que os clientes exacerbam os sintomas de fase ativa, como insônia, agitação, aumento da ansiedade com sintomas típicos da fase de luta e fuga.

Por fim, os conflitos biológicos que afetam a tireoide, como os conflitos de impotência ou o sentir-se incapaz, também têm uma ação no aumento da pressão arterial pelo nível elevado de tiroxina que gera simpaticotonia.

Como podemos ver até agora, a HAS é apenas a consequência de conflitos que geram alterações em alguns órgãos específicos, o que torna nosso trabalho primordial no tratamento e manejo. Encontrar a causa raiz sempre deve ser nosso foco, observar as entrelinhas, escutar seu cliente com todo seu corpo e ter sempre em mente que cada indivíduo traz uma história única, um modo de ver a vida único que precisamos respeitar, sem julgamento ao momento de vida e às experiências que ele traz, oferecendo o nosso melhor e da forma mais humana que pudermos. Que quando você estiver frente ao seu cliente, possa haver não somente um encontro de corpos, mas de almas.

“Olhar para dentro de você é a chave de uma vida plena e saudável. Apenas permita-se.”

Telma Tavares

Teresa Campos Salles

Sou Teresa Campos Salles, administradora de empresas, com a carreira voltada para Treinamento e Desenvolvimento, pessoal e profissional. Respondo pela TECS Consultoria desde 2007.

Tenho especialização em Desenvolvimento Humano, Gestão por Competência, MBA em Liderança, EPTP - Enneagram Professional Training Program, *Coaching with the Enneagram* (EUA e Dinamarca), Constelação e Pensamento Sistêmico pelo Instituto Conexão Sistêmica (Brasil) e ISPAB (Alemanha), Leis Biológicas, entre outras.

Atendo individualmente e em grupo, dentro e fora das empresas, sempre ajudando a iluminar o caminho de cada um para que seja possível uma vida mais leve e cheia de realizações.

teresacsalles

+55 (11) 99134-0653

Teresa Cristina de Campos Salles

teresa.salles@tecsconsultoria.com.br

Teresa Cristina de Campos Salles

NÃO SEJA REFÉM DOS SEUS SINTOMAS

VOLTANDO AO MEU LUGAR

OS SINTOMAS SILENCIOSOS DO AMBIENTE DE TRABALHO

30

Por Teresa Campos Salles

Há quarenta anos trabalhando em e com organizações, sempre voltada para o desenvolvimento pessoal e profissional, foi estudando as Leis Biológicas que comecei a entender mais precisamente os sintomas que se apresentam silenciosamente por trás dos comportamentos e principalmente das queixas e dificuldades no dia a dia do trabalho.

Minha formação foi em Administração de Empresas, mas ainda na faculdade fui fazer estágio num banco. O processo seletivo durou uma semana inteira e intensa e, ao final dela, me alocaram na área de Recursos Humanos, mais precisamente em Treinamento e Desenvolvimento. Foi aí que começou a nascer o meu desejo de ajudar as pessoas em seus ambientes profissionais. Na medida do crescimento na minha carreira, comecei a perceber que de nada adiantava trabalhar unicamente no comportamento profissional das pessoas. Tomar consciência das necessidades de aperfeiçoamento através de *feedbacks* ou de testes psicológicos não era suficiente para a evolução.

Os problemas de comunicação, de procrastinação, de falta de foco, não estavam exclusivamente na ausência de metodologias ou de técnicas. Conhecê-las, num primeiro momento até ajudava, mas, ao primeiro obstáculo, era como se eles nem tivessem passado pelos treinamentos ou tomado conhecimento sobre elas. Os bloqueios emocionais falavam mais alto e lá se ia a metodologia pelo ralo.

Naquela época (e ainda hoje), o que mais eu ouvia era sobre o desejo de equilibrar a vida pessoal e a vida profissional. As pessoas falavam até em ter duas agendas para "controlar cada uma das suas vidas". Foi aí que comecei a entender e repetir que não existe uma vida pessoal e uma outra profissional. Nossa vida é uma só, apenas com papéis diferentes.

Foi quando comecei a estudar para entender estes movimentos. Eneagrama, Pensamento Sistêmico, Experiência Somática, entre outros, foram me dando ferramentas para entender e ajudar cada um daqueles que chegavam até mim. Entendi, então, que tudo que acontece com a gente acaba por representar um forte fator para o desenrolar de nossa jornada. E como eu poderia ajudar todos esses clientes com técnicas e métodos se as situações ocorridas na primeira infância, ou mesmo antes, na gestação, impactavam até a idade adulta? Isso quando não eram heranças transgeracionais (comportamentos que eram passados através de gerações). Aos poucos, as lacunas foram sendo preenchidas e pude ajudar mais e mais aqueles que estavam por perto.

E foi então que as Leis Biológicas entraram na minha vida. Enquanto fazia a formação, fui percebendo inúmeras mudanças em mim... no meu jeito de pensar, no meu jeito de sentir e, consequentemente, no meu comportamento. Não que as outras abordagens não tenham trazido consciência e mudanças importantes na minha vida e na vida de meus clientes, mas as leis vieram para complementar, ou para serem mais cirúrgicas nas questões de cada um, com o entendimento de que nada ė por acaso. Muito menos as dificuldades que temos em nosso dia a dia no trabalho. E por mais que as dificuldades sejam as mesmas, o que as causaram são muito personalizadas.

O processo de desenvolvimento dos executivos nas empresas normalmente se dá em grupos ou individualmente. Os conduzidos por mim, nos movimentos individuais, o trabalho muitas vezes é entendido como um processo de *coaching*. Mas, na verdade, vai além... costumo chamar de Processo de Autoconhecimento e Autodesenvolvimento, ou simplesmente Acompanhamento. Os profissionais, na sua maioria, tornam-se líderes sem saber ao certo o que isso significa. Por mais que em alguns casos existam programas de treinamento, a rotina é que vai trazer a experiência necessária para a boa execução do trabalho, e é aí que as Leis Biológicas podem ajudar e muito.

É verdade que todos os processos individuais deveriam começar com uma queixa, mas nem sempre é assim. Dentro das organizações, existem muitas pessoas que nunca passaram por nenhum processo terapêutico, seja terapia ou mesmo algo voltado para o autoconhecimento. Que são totalmente afastados do que isso representa e de que tipos de benefícios um processo como esse pode trazer para suas vidas. Portanto, nem conseguem identificar uma questão a ser trabalhada ou um ponto a ser desenvolvido. E ainda por cima, pensam que estão sendo avaliadas, o que as deixa mais travadas ainda.

Quando olhamos para as queixas que os executivos apresentam, as mais comuns são:

- problemas de relacionamento com os chefes, pares ou subordinados;
- falta de foco e de disciplina;
- medo de crescer em suas carreiras;
- dificuldade de dar *feedback;*
- sentimento de perseguição;
- bloqueios de criatividade ou soluções de problemas;
- dificuldade de saber para onde seguir na carreira.

Podemos com certeza buscar métodos, técnicas que ajudem a lidar com esses tópicos, mas o olhar biológico, mais especificamente as constelações esquizofrênicas dentro das Leis Biológicas, pode trazer novas percepções para o cérebro com resultados mais precisos, mais eficientes, mais coerentes.

Um exemplo: falta de foco e de disciplina. Normalmente, o entendimento do gerenciamento de tempo e as metodologias conhecidas para tal poderiam trazer resultados, mas se o indivíduo é um "planante" (termo utilizado para a constelação que une dois grandes medos frontais, conflitos nos relais da laringe e brônquios), quanto mais disciplina você exigir dele, menos condição ele terá de se conectar. Desligar-se da realidade faz muito mais sentido no que tange ao que foi aprendido para a sua própria sobrevivência do que viver os problemas propriamente ditos, então, o sujeito perde o foco e não faz o que precisa ser feito ou dentro do prazo que deveria ser feito.

É preciso a todo tempo lembrar que o cérebro só reconhece aquilo que já conhece, e começar a entender o que está por trás, através de uma série de perguntas, como: "Que tipo de questão está exigindo o foco?", "Desde quando isso acontece?", "O que o indivíduo já viveu que o cérebro registrou como medo?". Fará muito mais sentido ressignificar os medos encontrados na vida de cada um do que ficar insistindo que ele siga a metodologia aprendida. Uma vez encontrada e ressignificada, a metodologia aprendida cairá feito uma luva e, aos poucos, a falta de foco fará cada vez menos parte da vida deles.

Um caso real: um cliente, desses que nunca havia feito nenhum processo terapêutico ou de autoconhecimento, foi indicado pela empresa para fazer um processo comigo. Desses indivíduos desconfiados, reservados, impermeáveis. Começamos com uma conversa normal (para ele), com ele me contando sua vida profissional (sempre é mais fácil começar por aí, porque as coisas mais concretas são mais fáceis de falar).

Uma vez entendido o tipo de personalidade dele através do Eneagrama, eu comecei a falar sobre este tipo identificado, o que normalmente gera espanto às pessoas por ter descrições bastante específicas. E aí, já na segunda ou terceira conversa, ele me trouxe duas dificuldades: a de se relacionar com sua chefe que era mulher e a de ser muito intolerante. Pedi que ele batesse palmas, identificando que ele era destro.

Fui então percebendo através de sua fala a presença de, por exemplo, a constelação de hierarquização. Ele me disse: "Fui contratado para uma posição, mas não me encontro nessa posição, minha chefe não me permite atuar corretamente no cargo. É como se eu tivesse perdido o meu lugar, e as pessoas dizem que sou muito agressivo, principalmente as mulheres".

Mais tarde, ele me contou como foi sua infância: filho do meio de três meninos, que precisava sempre chamar a atenção da mãe, que estava olhando ora para o mais velho que dava muito trabalho, ora para o mais novo que vivia doente. Contou-me ainda algumas situações específicas e como ele tinha se sentido. Perguntei a ele qual era a semelhança da questão que ele havia me trazido com o que ele tinha vivido quando criança. Aos poucos, ele foi reconhecendo e, quando conseguiu ressignificar, começou a experimentar novas atitudes no trabalho, a ponto de um outro diretor da empresa vir me perguntar o que havia acontecido que esse cliente estava tão diferente, tão mais fácil de lidar. Apenas respondi que ele se permitiu rever situações do passado e as ressignificou para viver um presente mais "inteiro".

E assim, cada dificuldade citada anteriormente pode estar escondendo sintomas claros de constelações ou mesmo outros conflitos.

É assim que as leis biológicas vêm contribuindo fortemente nos processos que atuo dentro das empresas, fazendo com que esse silêncio dos sintomas seja ouvido e ressignificado para trazer melhores resultados para o indivíduo que passa pelo processo e, consequentemente, para aqueles que trabalham com ele e para a empresa que terá profissionais mais bem preparados para suas funções. Não porque são melhores técnicos, mas porque conseguem reconhecer e reformular o jeito pelo qual enxergam a vida.

"Todos nós podemos ter uma rotina de trabalho mais leve se entendermos esses sintomas silenciosos que estão ao nosso redor. Se você percebe alguma daquelas dificuldades citadas no seu dia a dia de trabalho, ou ainda outras que estejam impedindo seu crescimento ou mesmo a oportunidade de um estado de espírito de mais paz e tranquilidade, talvez eu possa te ajudar, porque o que eu aprendi, no final das contas, é que olhar para trás, para o que já vivemos, e ficarmos atentos ao que falamos e como nos sentimos, pode trazer um mundo de possibilidades e uma vida mais produtiva e feliz."

“O seu caminho já está aí. Minha missão é lhe ajudar a iluminá-lo, para que possa segui-lo de forma mais leve, colorida e feliz.”

Teresa Campos Salles

Vanessa Giglio

Sou Vanessa Giglio, natural de São Paulo/SP, resido na cidade de São Paulo com meu marido Andre Giglio e filhos, Felipe Giglio e Luca Giglio.

Sou nutricionista clínica, pós-graduada em Nutrição Funcional e Nutrigenômica. Meu objetivo é promover a saúde através de uma alimentação nutritiva e equilibrada, gerando bem-estar e qualidade de vida, respeitando as individualidades e objetivos.

As minhas principais atividades são o diagnóstico nutricional, através de avaliação nutricional por Bioimpedância, aferição de medidas antropométricas, promoção de educação nutricional, planejamento de dietas individualizadas, avaliação de sinais, sintomas, exames bioquímicos, exames genéticos e acompanhamento, o que é determinante para que os objetivos sejam atingidos.

vanessagiglionutri

+55 (11) 96363-9148

nutrivanessagiglio@gmail.com

www.vanessagiglio.com.br

NÃO SEJA REFÉM
DOS SEUS SINTOMAS

VOLTANDO AO MEU LUGAR

EIXO INTESTINO--CÉREBRO: VOCÊ ANDA ENFEZADO?

31

Por Vanessa Giglio

Irritação, nervosismo, ansiedade, impaciência, angústia e estresse podem ser culpa do seu intestino, cheio de fezes, "enfezado".

O eixo intestino-cérebro é a comunicação em mão dupla entre esses dois órgãos. Por esse motivo, o intestino é chamado de segundo cérebro. A ligação ocorre no Sistema Nervoso Entérico, que é uma parte do Sistema Nervoso que controla as funções do trato gastrointestinal e regula diversas funções como motilidade, secreção de enzimas, hormônios digestivos e na regulação da microbiota intestinal. A microbiota intestinal apresenta bactérias boas (gram-positivas) e bactérias ruins (gram-negativas), que devem coexistir em equilíbrio. Quando a quantidade de bactérias ruins está em maior quantidade do que as bactérias boas, temos uma disbiose intestinal, ou seja, um desequilíbrio na flora intestinal. O equilíbrio das bactérias intestinais é fundamental para o bom funcionamento intestinal e a alimentação é a peça-chave.

Sintomas como distúrbios gastrointestinais, diarreia, constipação, inchaço abdominal, má digestão, dores abdominais, gases, ansiedade, depressão e nervosismo são sinais de alerta e devem ser investigados. Acompanhamento multidisciplinar com nutricionista, psicólogo, psiquiatra, endocrinologista e gastroenterologista é importante e pode ser indicado no tratamento.

A alteração na microbiota intestinal está conectada ao desenvolvimento de patologias do Sistema Nervoso Central, como gastrite, refluxo gastroesofágico, hérnia de hiato, úlceras gástricas e duodenais, cálculos biliares, dermatite, doença de Crohn, H. pylori, síndrome do intestino irritável, Alzheimer e Parkinson.

O padrão alimentar inflamatório, ou seja, alimentação rica em alimentos ultraprocessados, açúcar, frituras, embutidos, álcool, pode levar a uma disbiose intestinal, além de um estilo de vida inadequado sem prática de atividade física, falta de sono reparador e descontrole emocional. Os alimentos considerados ultraprocessados são aqueles que possuem mais de cinco ingredientes em sua composição. É importante ler os rótulos dos alimentos e a lista de ingredientes.

As estratégias nutricionais mais importantes são adequação de uma dieta anti-inflamatória, como a dieta mediterrânea, que tem como base o consumo de alimentos *in natura*, como frutas, legumes e verduras; alimentos integrais e ricos em fonte de Ômega-3, como peixes, azeite e oleaginosas; um aporte adequado de proteínas, carboidratos e gorduras, levando em conta o seu diagnóstico nutricional. Avaliar a redução no consumo de alimentos com alto teor de FODMAPs (Fermentable Oligosaccharides, Disaccharides, Monosaccharides and Polyols), sigla em inglês que significa alimentos fermentáveis, tendo como alguns exemplos o glúten, lácteos, leguminosas, algumas frutas, vegetais e oleaginosas que podem provocar esse desequilíbrio, sendo indicado adotar uma dieta com baixo teor em FODMAPs. Outras indicações como uso de glutamina, probióticos, prebióticos, simbióticos e chás podem ser coadjuvantes no tratamento nutricional.

A organização da alimentação é um fator determinante para os bons hábitos, como planejar os itens a serem comprados, o preparo, o armazenamento e congelamento, a marmita e lanches a serem levados ao trabalho ou escola facilitam e ajudam no processo. Evitar comprar alimentos que não fazem parte da dieta, ricos em açúcar e gordura e ter sempre boas opções em casa como frutas, ovos, iogurtes, legumes, verduras, fibras e temperos naturais. Comprar alimentos da estação é uma forma de ter alimentos com maior qualidade e preço; fazer o aproveitamento integral dos alimentos, incluindo cascas e talos, ajuda a reduzir desperdícios.

Os horários das refeições também interferem. Ter uma rotina alimentar, ou seja, procurar se alimentar sempre nos mesmos horários, contribui para a saúde alimentar regulando o metabolismo e facilitando assim a digestão. O relógio biológico, nosso relógio interno que regula o ciclo circadiano e o ciclo do sono-vigília, indica que dormir e acordar no mesmo horário ajuda a manter o relógio biológico em sincronia, melhorando a qualidade do sono, promovendo a sensação de alerta durante o dia e aumentando o desempenho cognitivo.

O sono adequado e reparador é crucial para repor energia; descansar o corpo e a mente; equilibrar hormônios, como a grelina e leptina, que regulam a fome e a saciedade, e os hormônios de crescimento; reparação celular; melhorar o sistema imune; regular a pressão arterial e diminuir risco de doenças cardíacas; fortalecimento da memória e aprendizado, facilitando a retenção das informações; melhorar a capacidade de concentração, tomada de decisão e produtividade; regular as emoções, diminuindo riscos de transtornos, como ansiedade e depressão; melhorar o desempenho físico, recuperação muscular de atletas; além do fator segurança, promovendo redução de riscos de acidentes no trabalho e na condução de veículos.

A privação de sono está associada a riscos de saúde como obesidade, diabetes, depressão, hipertensão arterial, doenças cardíacas, alterações de humor, redução de desempenho em produtividade. A higiene do sono é uma prática que ajuda a garantir uma boa qualidade do sono, que consiste em uma rotina diária de preparar o ambiente, ou seja, deixar o quarto aconchegante, com temperatura agradável, sem barulho, escuro; evitar uso de *smartphones*, televisão e computadores, pois a luz azul interfere na produção de melatonina; reduzir a ingestão de cafeína (café, refrigerantes, chocolate, chás verde, branco e mate, chimarrão) após 17h; evitar o consumo de álcool e refeições em grande volume que dificultam a digestão e líquidos próximos ao horário de dormir para diminuir a chance de acordar para ir ao banheiro de madrugada.

Evitar exageros alimentares; prestar atenção na fome e saciedade; comer sentado à mesa; apreciar o momento; comer devagar; mastigar bastante; descansar os talheres após levar o alimento à boca; comer com atenção plena (*mindful eating*) sem uso de celular ou televisão e, de preferência, com companhia; evitar conversar sobre assuntos difíceis na mesa; optar por assuntos agradáveis e procurar outro momento para essas conversas; as refeições devem estar associadas a um momento de prazer em família, evitando transtornos alimentares como anorexia, bulimia, entre outros.

Envolver a família no preparo dos alimentos é uma ótima maneira de promover interação familiar, criar memórias alimentares afetivas, também chamada *comfort food*, que significa comidas que trazem conforto, alimentos que proporcionam uma sensação de bem-estar emocional e satisfação, geralmente associadas a memórias positivas, sabores familiares, rituais e tradição. Promovem conforto psicológico, conexão social, desempenhando papel importante não apenas na nutrição física, mas como suporte psicológico.

A prática de exercícios físicos, ter momentos de autocuidado na semana, como encontrar amigos, ir ao cinema ou ler, ingestação adequada de água, controle do uso de antibióticos, não fumar e tomar sol diariamente são práticas que complementam o bem-estar e ajudam na saúde.

A boa alimentação requer um bom planejamento nutricional adaptado às suas necessidades e deficiências, ao seu diagnóstico nutricional, possibilidades econômicas, sociais, preferências alimentares e crenças. Cada paciente é único, cada dieta é única. A palavra dieta, hoje tão atrelada à restrição, significa estilo de vida, portanto, é necessário fazer a dieta alinhada ao seu estilo de vida, dessa forma ela fará sentido e não será um sacrifício.

O cuidado da saúde física e da saúde mental é a manutenção do bom funcionamento do organismo humano, através da alimentação, sono adequado, controle do estresse, relacionamentos interpessoais, ou seja, um estilo de vida com bons hábitos. Nosso organismo é interligado, um sistema complexo no qual todas as partes estão conectadas e dependem umas das outras para seu funcionamento pleno.

A digestão é um processo fundamental para a saúde e o bem-estar geral, a boa digestão facilita a absorção de nutrientes e a excreção adequada de resíduos. O processo digestório começa na boca – daí a importância da mastigação –, segue no estômago e finaliza no intestino, e qualquer disfunção nesse processo pode causar deficiências nutricionais, doenças do trato gastrointestinal e doenças do sistema nervoso central.

A saúde nutricional não é apenas matemática, nem contagem de calorias, carboidratos, proteínas ou gorduras, vai além do valor nutricional, da sustentabilidade, do sabor, do preço. Tem a ver com emoção, amor, família, união e prazer. A saúde nutricional está conectada com a saúde mental, que também está diretamente conectada ao intestino. Se o intestino não funciona bem, a mente também não fica bem, e vice-versa.

“Saúde nutricional tem a
ver com emoção, amor,
família, união e prazer.
Cada paciente é único,
cada dieta é única.”

Vanessa Giglio

Verônica Ribeiro

Sou Verônica Ribeiro, psicóloga de adolescentes e mentora de pais. Pós-graduada em Terapia Cognitivo Comportamental da Infância e Adolescência. Neuropsicóloga. Especialista em *Parent Coaching* e formada em Educação Emocional Positiva. Com mais de vinte anos de experiência, dedico minha carreira a transformar a vida de adolescentes e suas famílias.

Como mãe de uma adolescente, entendo profundamente os desafios e as dinâmicas familiares dessa fase. Meu trabalho como mentora é focado em ajudar mães a desenvolverem uma comunicação eficaz, resolver conflitos, com foco em unir famílias sempre educando com respeito e amor. Sou apaixonada pelo universo da adolescência. É um privilégio poder compartilhar essa jornada com você.

veronicaribeiropsi

psic.veronicaribeiro@gmail.com

NÃO SEJA REFÉM DOS SEUS SINTOMAS

VOLTANDO AO MEU LUGAR

CONFLITOS ENTRE PAIS E FILHOS ADOLESCENTES

32

Por Verônica Ribeiro

Era o ano de 2014, já tinha bastante experiência em atendimento clínico de crianças, quando um dia, chegou para que eu atendesse uma adolescente triste, apática, com quase nenhuma atividade social. Comecei a atender a menina, quando me deparei com um universo que era muito assustador e desconhecido. Aquela jovem tinha claramente sintomas de depressão, ficava praticamente o dia inteiro no quarto, sem interagir com a família, com comportamentos de automutilação, buscando refúgio das suas dores nas redes sociais. No mundo virtual, aquela adolescente podia falar dos seus problemas sem ser identificada, sentindo-se pertencente a um grupo, notada, acolhida.

Ver aquela situação me assustou profundamente. Aquele tipo de adolescente não foi o tipo de perfil que estudei na faculdade. Adolescentes eram descritos como desafiadores, querendo quebrar regras, estando propensos a se envolverem em atividades perigosas, apresentando maior distanciamento dos pais, com maior necessidade de estar mais próximos dos amigos. A adolescência sempre foi descrita como uma fase desafiadora e crítica para as famílias.

A partir daí, mergulhei fundo nos estudos da adolescência, para entender o que estava acontecendo com os jovens daquela geração. Foi quando me deparei com um quadro assustador: os adolescentes estavam adoecidos, perdidos, cada vez mais isolados da família. Por outro lado, comecei a perceber que os pais não sabiam lidar com esses filhos, muitos deles não percebiam o tamanho da sua dor emocional.

Conflito de gerações entre pais e filhos sempre existiu, mas, na atualidade, devido à vida corrida das famílias e ao aumento do uso da tecnologia, esse movimento se agravou. Muitos adolescentes foram negligenciados e acabaram se protegendo na solidão dos seus quartos, sendo influenciados por conteúdos das redes sociais, que por vezes afetam a autoestima do adolescente, pois ele compara sua vida com a de outras pessoas, sentindo-se inferior, achando sua vida sem graça. Não podemos deixar de falar sobre conteúdos sobre *bullying*, violência, apologia à vida triste, automutilação e suicídio, que impactam a sua forma de ver o mundo.

Dentro da minha experiência de mais de vinte anos de atuação na psicologia, percebo dificuldade de alguns pais em entenderem os filhos, tendo um olhar voltado para o comportamento inadequado, para o erro, esquecendo que o adolescente é um ser em formação, não estando maduro para tomada de decisões e com dificuldade de pensar nas consequências dos seus atos. Agindo assim, suas atitudes se voltam para a punição e o autoritarismo, piorando cada vez mais a relação de pais e filhos.

Existem pais que são extremamente críticos, apontando a falha do filho ou comparando com outras pessoas, ditando regras extremas a serem cumpridas. Nessas famílias, não existe diálogo, a opinião do filho não importa. O filho não é ensinado a desenvolver responsabilidade e autonomia. Existe uma falta de entendimento das mudanças ocorridas na adolescência, pois o filho já não é mais aquela criança obediente, mas sim uma pessoa que está passando por muitas transformações que afetam seu humor, comportamento e forma como se relaciona com as pessoas.

Adolescentes com pais com esse tipo de atitude buscam refúgio em amizades, uso excessivo de eletrônicos, envolvem-se em relacionamentos tóxicos, podendo fazer uso excessivo de álcool e drogas e desenvolverem depressão e ansiedade. Eles se isolam cada vez no seu mundo, a interação com a família não existe. Eles se sentem perdidos, não se sentem amados pelos pais, compreendidos, desenvolvem atitudes de autocrítica muito severa. Os adolescentes acabam ficando vulneráveis aos perigos da internet, pois muitas vezes eles buscam se sentir pertencentes e nas redes sociais se identificam com pessoas que pensam como eles, podendo piorar seu estado emocional, pois existem muitos perfis que fazem apologia a comportamentos autodestrutivos. Infelizmente, temos visto um aumento significativo de casos de suicídio na adolescência. É uma triste realidade dessa geração.

Como psicóloga especialista em adolescência, preciso que você entenda que muitos dos comportamentos dos adolescentes não são propositais. O cérebro do adolescente está passando por diversas transformações, o que ocasionam mudanças significativas de comportamento. Você pode notar que seu o adolescente muda de humor repentinamente. Ele não tem controle disso, é cerebral!

Adolescentes são muito questionadores, não aceitam opiniões formadas ou impostas. Eles têm necessidade de estarem mais com amigos e se afastarem mais da família. Possuem uma tendência maior a se colocarem em risco e terem experiências novas. Por terem um cérebro em desenvolvimento, eles têm uma tendência maior a desenvolver transtornos mentais como depressão e ansiedade. Essas mudanças comportamentais, como se afastar e questionar a opinião dos pais e suas regras impostas, serve para preparar o adolescente para vida adulta, pois precisará tomar atitudes sem a ajuda dos pais.

Criar filhos adolescentes pode ser muito desafiador, mas pode ser enriquecedor se pudermos olhar nossos filhos como seres humanos em desenvolvimento. Sim, eles estão aprendendo! Apesar de desejarem fazer as coisas sozinhos, eles não têm experiência, é aí que entra o nosso papel como pais. Criamos filhos para o mundo, devemos criar pessoas responsáveis, conscientes e éticas.

Devemos estar atentos às necessidades emocionais dos nossos filhos, pois a forma como lidamos com eles impacta diretamente em sua forma de ver o mundo, como eles se comportam e como pensam. Filhos precisam se sentirem aceitos, amados e seguros. A autonomia deve ser estimulada para aprender com suas experiências. Pais superprotetores não estimulam a autonomia dos filhos, o impacto desse comportamento são filhos inseguros e ansiosos.

O adolescente tem a necessidade de questionar e de expor as suas ideias. Muitas vezes, isso é visto como desrespeito aos pais, mas é fundamental que ele tenha liberdade para expressar suas necessidades e emoções. Famílias que são muito críticas têm dificuldade de valorizar as opiniões dos filhos, desvalorizando sentimentos e pensamentos; chamamos isso de invalidação emocional. Atitude essa que causa impactos severos na autoestima e no reconhecimento de suas necessidades. O adolescente que passa por invalidação emocional se distancia dos pais, passando a não ter os pais como figuras de confiança.

A família deve ter momentos de lazer e descontração, para se conectar e criar boas memórias. Os filhos devem se divertir, sentirem-se à vontade com os pais, ter liberdade para serem espontâneos. Pais que são muito rígidos e exigentes afetam a espontaneidade dos filhos, fazendo com que seus filhos sejam muito autocríticos e estressados.

Para que seu filho adolescente se conecte com você, é preciso que ele se sinta amado, entendido e apoiado por você, independente do que ele faça. Procure ouvir primeiro antes de criticar ou julgar. Quando o adolescente percebe que é ouvido, ele se conecta com a família. Passa a buscar ajuda e a ouvir mais as orientações dos pais, sendo mais colaborativo.

Seu filho vai continuar errando; os erros podem ser oportunidades de crescimento, se os pais o fizerem pensar nas suas atitudes e orientarem como pode agir de outra forma. Nosso papel é criar filhos responsáveis, e isso só será possível se eles puderem errar. É preciso que os adolescentes entendam as consequências dos seus atos, e isso só é possível quando eles estão próximos à família. Conseguimos nos conectar com o adolescente tendo empatia por ele, ouvindo, nos colocando no lugar dele. Devemos ser firmes, mas sem sermos autoritários ou agressivos, nunca esquecendo de entender e ouvir o lado dos filhos. Isso gera conexão e proximidade.

Minha missão como psicóloga de adolescentes é ajudar os pais a se conectarem com seu filho adolescente, diminuindo as brigas, tendo mais entendimento e empatia. Foi por isso que criei meu perfil no Instagram, para poder alcançar o maior número de famílias. Convido você a conhecer meu perfil, onde você encontrará conteúdos valiosos que poderão ajudá-lo a melhorar sua relação com seu filho adolescente.

Criar filhos é mais do que dar tudo o que eles precisam, é estar disponível para ser o porto seguro na hora que eles precisarem, é compreender e aceitá-los pelo que eles são, não por aquilo que você gostaria que eles fossem. Amor, compreensão e empatia são elementos essenciais para uma boa relação entre pais e filhos. São esses elementos que irão ser a base para seu filho enfrentar a vida de uma forma ética e responsável.

“Para que seu filho adolescente se conecte com você, é preciso que ele se sinta amado, entendido e apoiado por você.”

Verônica Ribeiro

EDITORA
CHAVE MESTRA®

Instagram: @editorachavemestra

E-mail: editora@editorachavemestra.com.br

Site: www.editorachavemestra.com.br